L

ABD-EL-KADER

au

CHATEAU D'AMBOISE.

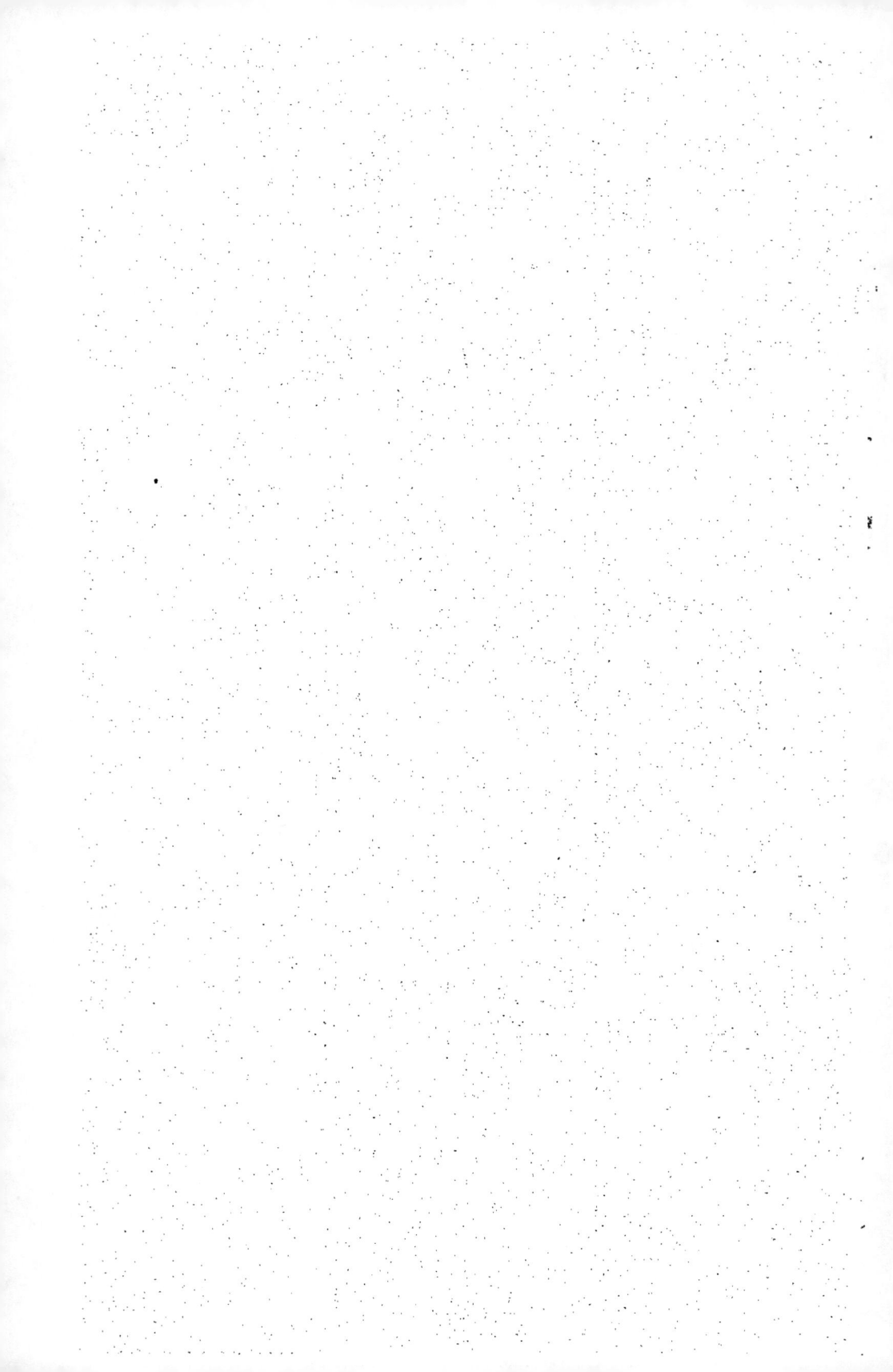

ABD-EL-KADER

au

CHATEAU D'AMBOISE

DÉDIÉ

A M. LOUIS NAPOLÉON BONAPARTE

PRÉSIDENT DE LA RÉPUBLIQUE FRANÇAISE

PAR Mgr Ant.-Ad. DUPUCH

ANCIEN ÉVÊQUE D'ALGER

—

TROISIÈME ÉDITION.

—

BORDEAUX,

TYP. DE SUWERINCK, IMP. DE LA CHAMBRE DE COMMERCE

Bazar Bordelais.

—

Mai 1849

1849

Je reviens d'Amboise; j'y ai passé plusieurs jours sous le toit hospitalier de son vieux château, dans l'intimité la plus douce avec un illustre captif. Plus que beaucoup d'autres, je crois connaître désormais, je crois pouvoir apprécier Abd-el-Kader.

Cependant, à mon retour à Bordeaux, sur mon chemin, partout, je trouve une foule de personnes, dignes d'ailleurs de toute confiance, qui se font de cet homme extraordinaire une idée fausse, incomplète, et qui, par suite, contribuent, plus qu'elles ne le soupçonnent peut-être, à retarder l'époque incertaine encore où justice lui sera enfin rendue.

Je suis convaincu, moi, au contraire, que, si tous en France connaissaient Abd-el-Kader autant que je le connais maintenant, cette époque serait désormais peu éloignée.

Donc, je me figure que c'est pour moi un devoir d'humanité, d'essayer de rétablir la vérité sur son compte, à l'égard de certains faits, de fort grave et délicate nature pour la plupart, et de hâter par-là le moment où se dissiperont les nuages dont elle n'est que depuis trop longtemps enveloppée.

Cette persuasion, qui m'est chère à plus d'un titre, et à laquelle j'avoue que je ne sais pas résister, sera ma meilleure excuse auprès de ceux entre les mains desquels tomberont ces quelques pages simples, consciencieuses, et qui me paraissent devoir être aussi bien un acte de patriotisme vrai qu'un acte de charité chrétienne.

Je demande à Dieu d'en bénir la publication nouvelle ;

A mes lecteurs d'y prêter la plus sérieuse attention.

Bordeaux, le 15 avril 1849.

† ANT.-AD. DUPUCH,

ancien Évêque d'Alger.

Le produit de cette publication, si elle avait quelque succès, serait consacré à une œuvre de charité (Voir à la fin du chapitre troisième).

Le prix en est de deux francs cinquante centimes à Bordeaux, de trois francs par la poste.

TABLE.

—

————

ABD-EL-KADER

AU

CHATEAU D'AMBOISE.

CHAPITRE PREMIER.

Du plus ou moins de confiance que devrait inspirer la parole de l'Émir.

Ainsi, et tout d'abord, quelle confiance vraie, sérieuse, pourrait-on avoir dans la parole, solennellement donnée par Abd-el-Kader (1), de ne plus retourner en Algérie, de ne jamais plus porter les armes contre la France?

Mais déjà l'Émir n'a-t-il pas traité, à diverses reprises, avec certains représentants du Gouvernement français; et, par le passé, ne serait-il pas permis d'apprécier, jusqu'à un certain point, l'avenir? Quel est, d'ailleurs, le fond du caractère de ce per-

_____

(1) Voir, à la fin, la lettre de l'ancien préfet des Bouches-du-Rhône, et les détails précieux qu'elle renferme à ce sujet.

sonnage éminent à tant de titres? Quelles garanties morales offre-t-il personnellement?

En 1833, ou vers le commencement de l'année suivante, le général Des Michels, à tort ou à raison, conclut avec Abd-el-Kader, à peine alors au début de son émouvante carrière, une première convention, une première trève.

Je n'ai pas, vous le comprenez bien, à l'examiner ici avec vous; je ne serais compétent sous aucun rapport; je ne fais que raconter.

Cependant, déjà en 1834, cette paix de quelques mois est rompue; la guerre éclate de nouveau entre le jeune chef arabe et un guerrier non moins malheureux que vaillant, le successeur du général Des Michels à Oran.

J'ouvre, à cette occasion, les documents qui me semblent les plus impartiaux de l'époque; je consulte tous ceux qui purent avoir alors le plus de relations sérieuses avec l'Émir; je l'interroge lui-même: réponses uniformes. Je les résume. Ce n'est pas précisément lui qui a fait avorter la trève conclue naguère; en d'autres termes, il ne reprit pas le premier de déplorables hostilités (1), quoique, dans l'ardeur de son désir d'accroître son influence parmi ses coreligionnaires et ses conci-

(1) Consultez, après le dernier chapitre, une note fort grave relative à ce traité et aux circonstances de sa rupture.

toyens, il se soit laissé entraîner à franchir les
eaux du Chélif (a).

En 1837, et dans l'intérêt d'une expéditon célèbre à l'extrémité opposée de l'Algérie, (celle de
Constantine contre Ahmed-Bey), nouvelles négociations, nouveau traité entre la France, réprésentée
à la Tafna par le général Bugeaud, et Sid Hadji
Abd-el-Kader Ben-Mahi-Eddin.

Cette convention, je ne l'examinerai pas davantage que la précédente; pareil examen ne saurait
me regarder d'aucune façon.

Mais je cherche encore, j'interroge des documents semblables à ceux dont j'invoquais le témoignage il n'y a qu'un instant; ou plutôt je n'ai qu'à
consulter, qu'à me rappeler ce que j'ai pu voir, ce
que j'ai pu entendre moi-même en Afrique, au
mois de novembre 1839.

Or, qui donna derechef, à cette époque, le signal de la reprise des hostilités; je veux dire,
quelle en fut l'occasion principale?

Demandez-le au vainqueur de Constantine et à
son royal lieutenant, le lendemain de l'audacieux
passage des Bibans (b).

Abd-el-Kader n'était pas même prêt alors à la
faire, cette guerre, jusqu'à la fin de laquelle, selon
sa trop significative expression, « il ne devait pas
» cesser d'être une épine dans notre œil. »

L'organisation de ses premiers bataillons, de ses

escadrons de réguliers, ses fondations de Thasa, d · Boghar, de Tekedempt, de Saïda, etc., ses essais de manufactures d'armes, d'entrepôts, rien n'était achevé ; ce n'étaient encore que de grossières ébauches ; et, à tous égards, les conditions du fameux traité lui étaient, de l'aveu de tous, par trop avantageuses.

Déclarer cependant la guerre, la vouloir, seulement même la provoquer ouvertement, c'était, de sa part, tout compromettre, tout ruiner ; l'évènement l'a suffisamment démontré. D'un autre côté, ne pas reprendre résolument les armes, alors qu'au lieu d'être traité comme un allié il n'était déjà plus considéré, à tort ou à raison, que comme un ennemi presque avoué, n'était-ce pas tout-à-fait impossible, le sang d'Abd-el-Kader n'eût-il pas même bouillonné dans ses veines?

Il y a un an, ces jours-ci à peine, une dernière convention ou capitulation, peu importe le nom, est conclue, signée non loin de la Monlouïa ; l'É-mir, qui peut à toute force échapper à son vainqueur, mais qui ne peut consentir à lui abandonner sa vieille mère, a foi au général français, à sa parole, au sceau qu'il lui a envoyé avec son sabre.

Ce qu'il s'engageait à faire, Abd-el-Kader l'a fait sur-le-champ, en se livrant, lui, sa famille entière, sa mère, ses femmes, ses enfants, ses frères.

Ce que le représentant de la France, en ces cir-

constances solennelles, avait promis, ce qu'il s'était
formellement engagé à faire de son côté, au nom
de son gouvernement dont il se portait fort, l'a-t-
il pu faire? Sa parole, encore en ce moment, est-
elle dégagée?

Eh! que réclame donc autre chose l'infortuné
prisonnier, depuis le premier jour de cette douloureuse autant qu'étrange captivité?

Au surplus, dans une foule d'occasions moins
importantes, et, par suite, moins connues, cette
fidélité à sa parole, à ses engagements, de la part
de l'Émir, vous ne cesseriez de la retrouver et de
l'admirer avec moi, si j'avais le temps de vous entretenir ici (1), avec plus de détail, de tout ce que
j'en peux savoir personnellement. Une ou deux citations abrégées suffiront, en attendant, à vous en
donner au moins une idée.

La première me rappelle certaines circonstances
fort délicates d'un célèbre échange de prisonniers,
à l'occasion duquel vous ne tarderez pas, j'ose l'espérer, à partager la confiance profonde qu'il m'ins-
pira. Or, le matin du jour où il se devait consom-
mer, ce ne fut pas le khalifa de l'Émir qui occupa,
par surprise et à main armée, Dieu sait à quels pé-
rils! sans que nul pût le soupçonner, au contraire,
le lieu sauvage de ce rendez-vous sacré.... et le

(1) Je le ferai quelque jour, en écrivant sa vie entière.

reste, que je vous prie de me permettre de ne pas ajouter. Ce ne serait point, hélas! la confiance en la parole d'Abd-el-Kader qui en souffrirait le plus.

La seconde, relative à des ouvriers français employés par lui, du consentement du gouverneur général, avant la reprise des hostilités, en 1839, ne témoigne pas moins de sa générosité, proverbiale d'ailleurs parmi les siens, que de cette inviolable fidélité à la foi promise.

Donc, pour prix de leur industrie et de leurs services, 3,000 fr. avaient été assurés à chacun de ceux-ci quand serait venue la fin de leur engagement et de leur travail. Cependant, avant que leur tâche ne fût terminée, la guerre s'était rallumée. Impatients de s'en revenir vers leurs frères, ils osent bien pourtant réclamer de l'Émir ce salaire élevé, et lui demander de reprendre, sans plus tarder, avec leur trésor, le périlleux chemin des avant-postes français.

Et non seulement Abd-el-Kader y consent, leur fait compter, dès le lendemain, la somme entière qu'il leur avait promise; mais encore il leur donne pour les accompagner, pour prévenir d'inévitables malheurs, une escorte proportionnée aux dangers qu'ils pouvaient courir, eux et leur argent, au milieu des tribus soulevées de toutes parts.

Ceci, je le tiens de leur propre bouche; je le recueillis deux jours après leur arrivée à Alger.

Qui n'a connu, en Afrique, environ ce même temps, cet autre trait significatif? Ce ne fut pourtant pas, cette fois, l'Émir qui en donna personnellement l'exemple et qui en fut le héros ; mais bien le premier de ses lieutenants, celui dont la bravoure et la loyauté rappelèrent toujours davantage celles d'Abd-el-Kader, Sid Mohammed-Embarrack Ben-Allal.

Celui-ci devait au colonel de La Moricière, pour prix d'un cheval, si ma mémoire n'est pas trop infidèle, une certaine somme qu'il n'avait pu lui remettre au moment où il courait aux armes. Quelques jours après, ne vint-il pas, la nuit, la suspendre, dans un sac de cuir, à l'un des vieux orangers du camp des Zouaves, à Koléah, au péril de sa vie? Que le disciple nous fasse cependant apprécier de plus en plus le maître.

Ah ! si vous pouviez autant que moi connaître à quel point le captif d'Amboise fut toujours, dès son enfance, et, aujourd'hui plus que jamais, dans son donjon, se montre sincèrement, profondément religieux, vous seriez moins étonné, vous et bien d'autres, de la confiance que je parais avoir en lui. J'avoue qu'avant de l'avoir vu aussi souvent, d'aussi près, à Pau, à Bordeaux, sur le *Caïman*, aux rives de la Loire, je n'aurais pu me le figurer moi-même, malgré tout ce que j'en avais entendu raconter ; évêque, je ne vous serai pas suspect en ce point.

Assurément, si vous ne saviez pas d'avance quel est celui que vous allez visiter en franchissant le seuil du vieux manoir, vous le prendriez bien plutôt pour quelque pieux cénobite que pour un organisateur, un homme politique, un guerrier de cette trempe ; tel, en un mot, qu'il se montra si souvent, depuis qu'à vingt-deux ans à peine il fut appelé par les anciens des tribus, par l'enthousiasme intelligent de tous, à les représenter désormais, à monter à cheval à leur tête, à lutter contre la France et l'élite de ses guerriers.

Naguère, dans son camp, vous eussiez été ravi d'admiration et involontairement ému à la vue de tout ce que vous y eussiez rencontré sous ce rapport ; ceci, je ne le sais que par ouï-dire, mais je le tiens de trop de témoins honorables pour ne pas y ajouter autant de foi que si je l'avais vu. Mais, dans sa prison, car, toute princière qu'elle est d'ailleurs, sa résidence n'a pourtant pas aujourd'hui de nom plus vrai, je n'en étais ces jours-ci encore l'intime témoin qu'avec ce double et profond sentiment, sauf une confusion trop facile à comprendre pour quiconque compare cette vie de prière, d'abstinence, de résignation, avec tant d'autres existences que je ne dois pas rappeler autrement ici ; ce n'est pas nécessaire.

Au château, comme autrefois au camp et sous les tentes, la prière en commun, la lecture religieuse et son explication, se font avec une égale régularité : depuis les vieillards jusqu'aux enfants, tous y assistent dans le recueillement le plus saisissant ; seulement, aux jeûnes ordinaires prescrits par le Coran, et que n'interrompaient pas même, dans leur temps, les incroyables fatigues d'une pareille guerre, ils ajoutent désormais de nouvelles austérités.

Ainsi, pardonnez-moi ces détails, parmi eux nul ne fume, nul n'oserait se permettre le moindre jeu, si ce n'est quelqu'un des plus jeunes hommes peut-être, et encore quels délassements ! (1)

Ainsi, dès les trois heures du matin, dans cette saison, et sous ce ciel si différent de celui de la patrie, les enfants de l'Émir — l'aîné n'a pas dix ans — sont déjà levés et appliqués à une étude mêlée de prières et de pieuses pratiques.

Ainsi encore, deux fois sur quinze jours, j'ai surpris Abd-el-Kader, dont la santé décline peu à peu sous ces verroux, et son vieil oncle, unissant des jeûnes extraordinaires et de surérogation à de longues oraisons, « Afin, c'étaient leurs expres-
» sions, de rendre par-là leurs prières moins indi-

_____

(1) Je les y ai vus une seule fois jouer aux dames; ce ne fut même que sur mon invitation personnelle.

» gnes de celui à qui, du fond de leur cœur, ils lés
» adressaient. » Qui ne sait que ces jours-là ils
ne mangent ni ne boivent absolument rien avant
la nuit, avant l'heure où il n'est plus possible de
distinguer un fil blanc d'un fil noir? (Coran).

Mais, écoutez ici un instant, à ma place, un
homme digne de la confiance la plus parfaite, soit
à cause de son caractère personnel, soit par son
expérience de ces mêmes détails dans d'autres circonstances, et sa connaissance très-particulière du
noble captif et de son héroïque caractère.

Voici, en effet, le portrait que M. le colonel Daumas me faisait de l'Émir, à l'occasion de mon voyage
au château d'Henri IV. il y a quatre ou cinq mois :

« Vous allez donc visiter l'illustre prisonnier du
» château de Pau ; ah! vous ne regretterez certai-
» nement pas votre voyage. Vous avez connu Abd-
» el-Kader dans la prospérité, alors que, pour ainsi
» dire, l'Algérie tout entière reconnaissait ses lois ;
» eh bien, vous le trouverez plus grand, plus éton-
» nant encore dans l'adversité; comme toujours,
» du reste, il domine sa position.

» Doux, simple, affectueux, modeste, résigné,
» ne demandant rien, ne s'occupant d'aucune des
» choses de ce monde, ne se plaignant jamais, ex-
» cusant ses ennemis, ceux dont il a pu avoir da-
» vantage à souffrir, et ne permettant pas qu'on en
» dise du mal devant lui. Musulmans ou chrétiens,

» quelque sujet de plainte qu'il ait pu en avoir au
» fond, il rejette la conduite des premiers sur la
» nécessité des circonstances; le drapeau sous le-
» quel combattaient les seconds explique et justifie
» la leur.

    » En allant consoler une aussi noble infortune,
» vous ajouterez donc une nouvelle œuvre sainte
» et miséricordieuse, etc. »

Et, ne vous figurez pas que ce soit le seul qui
tienne volontiers ce touchant langage; demandez
plutôt à l'ancien gouverneur militaire du château
d'Henri IV, au loyal commandant Saragosa; ou
bien au modeste mais si intéressant officier qui lui
a succédé dans son commandement, le capitaine
d'artillerie Boissonnet, en mission auprès de l'É-
mir; au capitaine Fournier, son digne adjoint, ou
même indistinctement à tous ceux qui l'entourent,
qui l'approchent, qui le connaissent ou l'ont tant
soit peu connu, à quelque degré de l'échelle sociale
que ce puisse être, et vous n'en trouverez pas un
seul qui ne vous atteste sur l'honneur, avec moi,
que le sentiment religieux est aussi sincère que
profond et inaltérable chez Abd-el-Kader.

N'allez pourtant pas croire davantage de sa part,
ainsi que souvent je l'entendis supposer, à un fana-
tisme aveugle, passionné, intolérant, plutôt qu'à
cette piété du cœur, à cette élévation de l'âme, à
ce besoin de célestes communications que suppo-

sent en lui les quelques lignes qui précèdent, et qui me semblent bien plutôt trop peu expressives que trop exagérées.

Deux citations encore entre beaucoup d'autres; permettez-les-moi, et, mieux que par des paroles, vous en jugerez : d'ailleurs, ce n'est pas le seul rapport sous lequel elles vous le feront déjà connaître et apprécier de plus en plus; je les emprunterai, comme les deux premières, l'une à d'anciens hôtes de l'Émir, de la bouche desquels je l'appris en Algérie; l'autre, à l'un de mes plus chers souvenirs; les voici en action :

— « Sultan, (c'est ainsi qu'il était appelé chez » les siens), Sultan, nous voulons nous faire mu- » sulmans, et nous sommes prêts à faire profession » de ta religion. » Ce sont deux Européens, que viennent de lui amener ses réguliers à leur retour d'une de leurs excursions, qui lui parlent.

— « Si c'est de bonne foi, c'est bien, leur ré- » pond-il ; si c'est par une frayeur exagérée de vo- » tre nouvelle position, c'est contre votre cons- » cience, c'est mal, ne le faites point.

» Ne craignez pas, au surplus, qu'il tombe par » mes ordres, ou, moi le sachant, un seul cheveu » de votre tête, parce que vous êtes et resterez » chrétiens.

» Bien plus, considérez ce qui vous arriverait si » jamais vous retourniez vers les Français, si vous

» veniez à tomber entre leurs mains après avoir re-
» nié votre foi ; ne seriez-vous pas traités, s'ils le
» savaient, comme de coupables déserteurs ; et, si
» quelque échange de prisonniers avait lieu, pour-
» riez-vous espérer d'en faire partie et de revoir
» ainsi vos frères ? »

Et moi, j'affirme que ce n'est pas à deux seulement qu'Abd-el-Kader le tint, vers la même époque, ou peu après, cet étonnant langage.

— « J'espère que la bénédiction de Dieu entre
» avec vous dans ma maison. »

C'est à celui qui vous le rapporte qu'il s'adresse
cette fois, et peut-être ceci vous fera-t-il comprendre comment il a pu échapper à son interlocuteur
de dire qu'il ne désespérait presque pas de le voir
se rapprocher du christianisme... C'était le 3 septembre dernier, auprès du berceau d'Henri IV, au
moment où leurs mains, en signe de l'union de
leurs cœurs, s'entrelaçaient pour la première fois
sur ces cœurs palpitants :

— « Je l'espère et le demande à Dieu, qui nous
» voit et nous entend, du plus profond de mon
» cœur. »

— » Je sens, dans le fond du mien, qu'il peut
» résulter un grand bien de votre visite et de notre
» réunion : puisse bientôt ce pressentiment se réa-
» liser ! »

— » De quel bien parlez-vous? car je suis venu

» vers vous les mains aussi vides que le cœur
» plein. »

— J'aime assurément bien mieux vous voir les
» mains vides et le cœur plein, que les mains plei-
» nes et le cœur vide; mais, rassurez-vous, je ne
» veux parler que d'un bien spirituel; en vérité,
» le reste serait trop au-dessous de nos entretiens.

— » Dieu vous entende! Certes, je ne le souhai-
» terais pas moins que vous. »

— « Ce n'est pas, au surplus, dans un esprit de
» discussion, de controverse irritante, mais avec
» calme, avec sincérité, avec loyauté, selon qu'il
» convient à des esprits élevés, que je désirerais
» vous entretenir de ces grandes et saintes choses.

» J'ai entrepris de lire le livre de votre loi, la
» Bible; et, pendant votre séjour auprès de moi,
» vous me permettrez de vous demander à ce sujet
» certaines explications. »

— Je suis prêt de cœur. »

— « Ah! je sais déjà que votre cœur ne se repo-
» sera pas tant qu'il croira pouvoir faire quelque
» bien au mien; parlez-moi donc comme à un frère,
» je me trompe, comme un père à son fils. »

» — J'accepte ces deux titres, et vous offre en
» retour, les sentiments qu'ils supposent et qu'ils
» expriment.

— » Dans de pareilles et mutuelles dispositions,
» pourquoi nos âmes ne se rapprocheraient-elles

» point, en effet, de plus en plus comme nos cœurs?
» Qui sait même si quelque jour, Dieu le fasse bril-
» ler! elles ne finiront point par se reposer dans la
» même unité! »

— « Voici ce que j'ai lu dans une de nos vieilles
» légendes :

» Un jour, un voyageur, s'en allant visiter un
» ami malheureux, rencontra un ange sur son che-
» min. Où allez-vous ainsi, lui dit, en accourant
» au-devant de lui, le céleste messager? — Je vais
» visiter telle personne qui me réclame. — Eh!
» qu'en attendez-vous? est-elle donc si puissante,
» si fortunée? — Non, certes ; mais elle a besoin,
» je le sais, de consolations, et je m'empresse, je
» cours vers elle, pour lui faire du bien, tout le
» bien que je suis capable de lui faire avec le se-
» cours de Dieu. — Ah! continuez votre route bé-
» nie, tous vos pas seront comptés, pas une seule
» de vos paroles ne restera sans récompense. »

Mais, c'est assez, c'est trop ; je me laisse aller
au charme de ces souvenirs ; je m'oublie.

Toutefois, il me semble que vous devez être désormais persuadé, convaincu de la sincérité, de
l'élévation du sentiment religieux dans l'âme, si
éminente d'ailleurs, nul n'en disconviendra, de l'É-
mir Abd-el-Kader.

Or, dans de semblables dispositions, avec un besoin pareil, un sentiment aussi incessant et aussi

profond de Dieu, comment supposer que, dans le
cas où il donnerait sa parole solennelle de ne plus
porter les armes contre la France, ni rien faire et
entreprendre de contraire à ses intérêts, il ne la
tiendrait effectivement point, et se souillerait, sur le
déclin de sa vie, d'un tel parjure, d'une telle infamie ?

J'étudie son passé; je n'y trouve que loyauté,
fidélité à la foi jurée; je ne sache pas une voix
grave et consciencieuse qui lui reproche aujour-
d'hui d'y avoir jamais manqué positivement en rien
d'essentiel; j'étudie son cœur, son âme, son caractère, sa vie la plus intime; et, je le déclare, je l'affirme, avec autant de conviction que d'émotion,
pour moi, je ne douterais pas un instant de sa promesse.

Mais, à ce sujet, permettez-moi d'emprunter à
un homme qui le connut beaucoup autrefois, il vé-
cut deux ans auprès de lui, une citation qui re-
viendra probalement sous ma plume :

« *Sincère, esclave de sa parole, la perfidie et le*
» *mensonge ont seuls le pouvoir d'exciter la colère*
» *d'Abd-el-Kader.* » (Extrait d'une relation imprimée d'un séjour au camp de l'Émir).

J'y joints textuellement l'énergique fin d'une
lettre de l'Émir lui-même :

« *Sachez que vous n'aurez point à rougir auprès*
» *de qui que ce soit de notre amitié, ni de ce que vous*
» *aurez dit en ma faveur.*

» L'homme pour qui vous parlerez, sachez-le bien,
» est un homme qui ne changera pas sa parole, dût-il
» être dévoré par le feu.

» Son cœur n'est plus de ce monde, et il ne veut
» plus du pouvoir, dût-il être haché par morceaux.

» Ma parole, c'est mon cœur, c'est ma volonté qui
» la disent comme ma langue; je ne la changerai pas
» jusqu'à la mort. »

(Lettre de M. Ém. Ollivier).

CHAPITRE DEUXIÈME.

Des premières années d'Abd-el-Kader; — de ses relations
avec la France, et de sa position vis-à-vis de son gouvernement depuis le commencement; — de sa lutte
acharnée contre elle, et des résultats définitifs
de ce qui l'a suivie.

—

Cette parole de l'Émir, quelque confiance qu'on
y pût vraiment ajouter, ne serait-elle pas néanmoins, au fond, comme malgré lui, en contradic-
tion nécessaire et permanente avec ses relations les
plus anciennes, avec son existence tout entière vis-
à-vis de la France et de son gouvernement?

La nature de ces relations, et, en particulier, de
sa lutte si longue, si acharnée contre la France, ne
s'opposerait-elle point à ce qu'il la donnât sans réserve?

Les résultats mêmes de cette lutte, sa captivité
déjà prolongée, en l'humiliant, en aigrissant son
caractère, en renouvelant ses regrets, ne seraient-
ils pas bien plutôt, s'il recouvrait cette liberté tant
désirée, de lui faire chercher tous les moyens pos-
sibles de prendre tôt ou tard une sanglante revan-
che?

J'avoue que je ne le croirais pas davantage ; et
voici encore, avec la même bonne foi, sur quoi je
me fonderais :

« Tel que vous pouvez m'entrevoir dans le mi-
» roir de notre conversation, je ne suis pas né pour
» devenir un homme de guerre, ou, du moins, pour
» porter les armes toute ma vie, me disait-il avec
» émotion dans un de nos derniers épanchements de
» cœur ; je n'aurais pas même dû l'être, ce sem-
» blait, un seul instant ; et ce n'est que par un con-
» cours tout-à-fait imprévu de circonstances, que
» je me suis ainsi trouvé jeté tout-à-coup, et si com-
» plètement, en dehors de ma carrière de naissance,
» d'éducation et de prédilection, vers laquelle, vous
» le savez, j'aspire sincèrement et ne cesse de de-
» mander à Dieu de revenir sur le déclin de mes
» laborieuses années.

» J'aurais dû être toute ma vie, je voudrais du
» moins redevenir avant de mourir un homme d'é-
» tudes et de prières ; il me semble, et je le dis du
» fond de mon cœur, que désormais je suis comme
» mort à tout le reste. »

Et, dans le vrai, son père, Mahi-Eddin, n'était-
il pas l'un des plus vénérés marabouts de tout le
Maugreb ; et savez-vous quelles leçons il avait données, dès le berceau, à ce fils chéri entre tous à
cause de ses dispositions merveilleuses à la piété et
des grâces de son enfance, où et comment s'écoulè-
rent les premières années d'Abd-el-Kader ?

Alors les innombrables tribus de la Régence vivaient en paix, autant que ce pouvait être vrai de populations semblables, sous la rude domination des Turcs, leurs seigneurs et maîtres ; et, assurément, en ce temps-là, nul n'eût soupçonné qu'au bout de quelques années à peine, ces Turcs, le dey d'Alger à leur tête, seraient détrônés, chassés, remplacés par des chrétiens, et les Français maîtres à leur tour de la plus grande partie de cet empire encore si peu connu à cette époque.

Cependant, vers le même temps, le jeune fils de Mahi-Eddin, à peine à son dix-huitième printemps, faisait avec son père le pèlerinage de la ville sainte de l'Islam et du tombeau du Prophète, et se retirait au Grand-Caire, dans un sanctuaire célèbre, où il se livrait, sous la conduite des maîtres les plus renommés, et dans la compagnie d'une foule de jeunes croyants de son âge, à une étude approfondie de la loi, de ses commentateurs les plus habiles, à la pratique de la vie ascétique pour laquelle il avait une inclination marquée.

Puis, avant de revenir auprès des ombrages des Cachereau (c), sous la tente paternelle, il parcourait une grande partie de l'Orient, visitait Bagdad, Mossul, les mosquées les plus vénérées, amassant ainsi un trésor d'instruction et d'expérience à un âge où, en Europe, les jeunes hommes les plus éminents entrent à peine dans le monde. On dit que son pèlerinage en Égypte, où Méhemet-Ali réalisait alors des prodiges, ne fut pas étranger à ceux qu'il tenta plus tard lui-même en Algérie dans un but correspondant.

Quoi qu'il en soit, Abd-el-Kader garde encore aujourd'hui un tel souvenir de ces graves études et de la paix profonde de son âme à cette heureuse époque, qu'ayant eu récemment l'occasion de recevoir au château d'Amboise les hommages d'un vénérable supérieur de séminaire, il lui en parlait avec attendrissement, et se faisait raconter, jusque dans les moindres détails, la pacifique existence des jeunes lévites confiés à ses soins, auxquels même il se comparait et dont il semblait envier le sort:

« C'était pourtant ainsi que je vivais! » disait-il ensuite avec un singulier mélange d'émotion et de candeur.

Sur ces entrefaites, et presque dès le lendemain du retour du fils de Mahi-Eddin dans la campagne de Mascara, le maréchal de Bourmont et sa brave armée descendaient à Sidi-Ferruch le 14 juin 1830: le drapeau de France flottait à la Casbah de D'Jezzaïr, Hussein-Pacha s'embarquait pour l'Italie, les Turcs étaient bannis et leurs propriétés séquestrées.

Ce fut, dit-on, à certains égards, une mesure politique peu prudente, et dont les résultats périlleux ne tardèrent pas à se faire sentir, dans les provinces de l'ouest en particulier.

La nouvelle ne s'en était pas plus tôt, en effet, répandue au loin, que déjà l'anarchie commençait à diviser les tribus de ces belliqueuses contrées, surtout leurs scheicks jaloux les uns des autres, et que ne contenait plus l'autorité séculaire de leurs derniers maîtres.

Qui pourrait même calculer les suites de ces rivalités et de ces agitations toujours croissantes parmi ces Barbares, si la terreur inspirée par les succès des conquérants, et bien plus encore les ambitieux projets de ceux-ci, trop faciles à soupçonner, à prévoir désormais pour l'avenir, n'y eussent bientôt mis un terme, en faisant comprendre aux moins sauvages ou aux plus intelligents d'entre les principaux l'impérieuse nécessité de se réunir, sans plus tarder, en corps de nation, sous le commandement de l'un d'entre eux?

Au surplus, c'était bien, en effet, l'unique moyen de résister à la fois à cette dissolvante anarchie et aux progrès incessants de l'invasion étrangère; car, vraiment, pour eux, pour ces lointaines peuplades, c'est bien le mot, et je ne crois pas exagérer en l'appliquant ici franchement aux développements de la conquête de 1830.

Je n'oserais prétendre que notre politique ne les exigeât point, ces développements; mais était-ce une raison suffisante pour que les indigènes, qui n'entendaient guère rien aux querelles du dey et du

vieux roi de France, n'en fussent pas vivement
alarmés et ne s'y opposassent pas, au besoin, de
toutes leurs forces?

Lequel cependant choisir? qui appeler à ces
émouvantes destinées, à un commandement aussi
difficile, qui le devait devenir bien davantage avec
le temps, et jusqu'alors était sans exemple chez les
Arabes (1)?

Ah! s'ils n'eussent pas été aussi sincèrement,
aussi profondément religieux qu'ils le sont, c'eût
été peut-être une désolante chimère que cette sage
résolution; et, probablement, elle n'eût abouti, dès
le commencement, qu'à d'affreuses et sanglantes
scènes, à une ruine commune.

Donc, les anciens, les chefs des tribus, consul-
tent, comme devant être, pour eux et pour ceux
qu'ils représentent, l'interprète de la volonté du
ciel, et, par conséquent, comme un arbitre irrévo-
cable, le marabout le plus vénéré de toutes ces contrées : leur sort est entre les mains de Sid Hadji
Mahi-Eddin.

Je ne m'arrête pas à vous redire ici ce qui a pu
être plus ou moins poétiquement raconté autrefois
sur ce sujet, et dont je n'affirmerai ni ne contesterai
l'authenticité; mais toujours est-il qu'après de pal-

(1) Avant la conquête, en effet, le rôle politique en Algérie
n'appartenait qu'aux Turcs.

pitantes hésitations de la part du célèbre marabout des Hachems, celui-ci osa bien proposer, non sans noblesse de caractère assurément, et désigner à ce choix populaire le troisième de ses fils (1), le jeune pèlerin de la Mecque, Hadji Abd-el-Kader, en leur déclarant qu'ils ne trouveraient réunies en aucun autre, au même degré, les qualités éminentes qu'exigeait une pareille mission : vous diriez le plus jeune des fils d'Isaï, l'humble berger de Juda, choisi de préférence à ses frères pour une gigantesque lutte.

Ils acceptèrent avec acclamations, à l'exception peut-être d'un vieux guerrier, (Mustapha-ben-Ismaël) : et, sans balancer, sans contester davantage, pour obéir à ce qu'il devait regarder, en effet, comme un dessein providentiel, à l'autorité révérée de son père, non moins qu'aux suffrages de tous les siens, Sid Hadji Abd-el-Kader Ben-Mahi Eddin, salué solennellement du nom d'Émir ou de Sultan, s'élança résolument sur son cheval, l'étendard du prophète à la main, et commença ce rôle héroïque qu'à notre vif regret il ne nous est pas possible d'esquisser ici : la guerre sainte était déclarée.

Qui ne sait, au surplus, en Europe ou plutôt dans le monde entier, quelle intrépidité, quelle ac-

(1) L'aîné s'appelait Mohammed Saïd; il est aujourd'hui au château d'Amboise; le second, Aly, fut tué peu après en combattant.

tivité, quelle prudence, quelle générosité, quelle constance surtout il déploya, dès ce premier instant jusqu'à la fin, soit sous la tente du diplomate, soit sur le champ de bataille, dans cette lutte à jamais mémorable?

Ne le jugez pas d'ailleurs, je vous le conseille, d'après ce que vous pûtes en entendre raconter à une autre époque; alors, c'était au plus chaud de cette lutte acharnée, et c'était forcément ainsi que devaient s'exprimer sur son compte, officiellement du moins, ceux qui le combattaient à toute outrance.

Mais écoutez bien plutôt ce qu'ils ne craignaient pas d'en dire à l'envi dans les épanchements de leur vie intime; demandez le-leur hardiment aujourd'hui; demandez-le, par exemple, au vainqueur d'Isly, à Changarnier, à La Moricière, au général Bedeau, au général Cavaignac; demandez-le à tous, et tous vous répondront avec émotion qu'ils furent fiers d'avoir à combattre un pareil rival; il était digne d'eux à son tour.

Consultez encore, et voyez ce qu'il avait fini par inspirer d'attachement, de gratitude, de confiance, de dévoûment, à tous ceux qui s'enrôlèrent avec transport sous son drapeau. Je ne peux pas citer de faits, je serais trop long; et cependant il m'est comme impossible de ne pas vous en laisser en passant quelques témoignages des plus significatifs,

choisis entre mille, à diverses époques et de la part
de toute sorte de personnes.

« Vous ne connaissez pas l'Émir? Oh! que vous
» l'aimeriez, si vous pouviez le connaître comme
» nous! » Ainsi me parlait, en échangeant des prisonniers à Sidi-Klifa, son illustre et malheureux
lieutenant, Mohammed-ben-Allal, mort depuis d'une
façon chevaleresque.

Je regardais au haras de Montaganem des Arabes désormais soumis, sur la fidélité desquels nous
pouvions compter d'ailleurs, et qui étaient venus en
visiter les étalons avant de faire saillir leurs belles
cavales; ils allaient d'écurie en écurie, de cheval
en cheval, jusqu'à ce que, parvenus dans la loge
du vieux coursier au noir d'ébène qui avait appar-
tenu naguère à l'Émir et que le colonel Géry lui
avait audacieusement enlevé, ils s'agenouillaient
devant lui et en embrassaient les genoux, malgré
les avertissements sévères de plus d'un genre qu'ils
ne manquaient assurément pas de recevoir de la
voix et du geste de plus d'un des spectateurs: « Il
» l'a porté! » disaient-ils, et ils recommençaient.

Ce même vaillant officier, mort depuis de ses glo-
rieuses fatigues, mais encore alors commandant supérieur de Mascara, m'avait dit, peu de jours auparavant, cette parole que je vous livre textuellement: « Nous sommes obligés de cacher, autant
» que nous le pouvons, ces choses à nos hommes :

» s'ils les soupçonnaient, jamais ils ne se battraient
» avec autant d'acharnement contre Abd-el-Kader. »
Il faisait allusion à certaines circonstances de sa
dernière campagne contre l'Émir, que je me fais
violence pour ne pas vous raconter moi-même.

Ah! les khalifas d'Abd-el-Kader ne lui auraient
pas tous été aussi fidèles jusqu'à la fin, s'il eût un
instant cessé de les dominer à ce point par ce mer-
veilleux mélange de tant d'admirables qualités.

Et, ces jours-ci encore, je veux dire il y a deux
mois à peine, quand on offrit à soixante-trois de
ses compagnons de captivité de les rendre à la liberté sans lui, quelle ne fut pas leur réponse? elle
les honore autant que leur malheureux maître et
ami : « Oh! non, non ; tant qu'il sera captif, nul
» d'entre nous ne séparera son sort du sien ! »

Peu auparavant, et pour les y inviter davantage,
pour les y résoudre, on leur avait dit, lors de leur
passage à Bordeaux, que le château d'Amboise ne
pourrait probablement suffire à les recevoir tous;
que, s'ils persistaient à vouloir y partager le sort
de l'Émir, on serait réduit à les entasser dans une
ou deux chambres trop étroites pour les contenir,
et où ils auraient cruellement à souffrir; mais eux :
« Nous aimons mieux souffrir davantage encore,
» s'il le faut; mais le quitter, l'abandonner dans
» le malheur, jamais !

Pardonnez-moi ces détails, étrangers peut-être

jusqu'à un certain point à la question qui nous occupe ; ils se pressaient sous ma plume impatiente ; je n'aurais pu continuer, si je ne vous avais donné au moins ces touchants échantillons : que sera-ce donc quand vous l'entendrez bientôt célébrer par ses propres prisonniers ?

Comment résister, d'ailleurs, à l'entraînement que devait exciter un homme capable de ce dernier trait : « Un nègre, détaché par d'autres ennemis
» que les Français, avait pu, en dépit de la sur-
» veillance exercée autour de la Smala, parvenir
» jusqu'à la tente où Abd-el-Kader tenait conseil ;
» mais, une fois face à face avec l'Émir, le traître,
» saisi de remords, brise son poignard.

— » J'allais te frapper, s'écrie-t-il, mais ton seul
» aspect m'a désarmé, et mon bras tout-à-coup est
» resté sans force.

» L'Émir cacha son émotion, se leva du tapis du
» conseil, et, touchant le nègre au front, lui dit :
» Tu es entré ici meurtrier, Allah veut que tu en
» sortes honnête homme ; rappelle-toi seulement
» que le serviteur de Dieu t'a pardonné (1). »

Mais pourquoi le gouvernement français a-t-il attaché tant de prix jusqu'ici à cette même longue et douloureuse captivité d'Abd-el-Kader ? pourquoi

----

(1) J'avoue ne tenir ce fait particulier que d'un journal, mais ce journal est sérieux, et je le crois volontiers.

hésite-t-il encore peut-être, malgré la foi promise
en son nom au mois de décembre 1817, à lui rendre une rigoureuse et trop tardive justice, (vers la
fin de ces quelques pages vous apprécierez ces expressions)? Qui peut donc le retenir davantage, lui
qui représente pourtant si évidemment en ce moment la nation la plus généreuse, la plus chevaleresque du monde, et dont le noble chef connaît le
prix de la captivité?

Sinon précisément parce qu'il est encore, et
comme en dépit de tant d'évènements divers, sous
l'impression de ces mêmes souvenirs et de cet héroïque caractère; sinon parce qu'il redoute même
jusqu'à la plus lointaine action de cette magique
influence?

De bonne foi, pourtant, quel est donc déjà devant l'histoire ce captif fameux, objet de tant de
frayeur ou d'inquiétude de la part des uns, de tant
d'amour de la part des autres?

Dans l'antiquité, c'eût été un héros dont les
orateurs et les poètes se seraient disputé l'éloge
aux jeux olympiques; mais il en mérite, il en por-
tera un jour, dans la postérité la plus reculée, le
magnifique nom.

Et qui en serait plus digne, en vérité, que l'ar-
dent et infatigable athlète de sa foi, de sa patrie?
Pour qui donc combattait-il, durant ces dix-huit
années, avec tant d'acharnement et de bravoure?

« Ah! me disait-il l'autre jour avec émotion,
» dans les dernières années, depuis trois ans sur-
» tout, ce n'était plus dans l'espoir de vaincre que
» je m'obstinais à combattre ; je n'ignorais certes
» pas l'issue plus ou moins tardive d'une lutte dé-
» sespérée ; mais je défendais une trop noble cause,
» mon foyer, mon pays, ma foi : j'avais juré de les
» défendre jusqu'à ce qu'aucune force humaine n'y
» pût plus suffire, et il me semblait toujours que
» je n'avais pas encore assez fait. »

Aussi, loin d'altérer en rien ses éminentes qualités naturelles ou la noblesse de son caractère, ce
long drame sanglant, ces incroyables efforts, ne
firent, au contraire, que les développer et l'élever
encore davantage.

De tristes, de lugubres épisodes marquèrent sans
doute trop souvent les différentes phases de la lutte
de la part des sauvages auxiliaires d'Abd-el-Kader ;
mais j'oserais bien affirmer que, personnellement,
il y demeura constamment étranger ; j'espère même
vous en convaincre avant longtemps. D'ailleurs,
n'eûmes-nous point, aussi souvent peut-être, à gé-
mir de notre côté sur de pareilles horreurs, plus
déplorables encore, sous certains rapports, que ces
atroces représailles ? Ce serait un parallèle facile à
établir, suivant quelques-uns ; ma plume s'y refuse.

J'aime mieux, en finissant, vous prier de m'accompagner au château d'Amboise, dans sa grosse

tour du Nord, et vous y faire contempler, admirer
encore une fois la résignation profonde, la patience,
la piété calme et sereine du noble vaincu.

Oh! ne croyez pas que son caractère soit aigri,
qu'il ne se nourrisse que de cruelles espérances ;
ne croyez pas que cette réclusion l'humilie!

Il souffre, il est vrai, et beaucoup, mais bien plus
encore des souffrances des siens que de ses propres
douleurs; il pleure sur ceux de ses compagnons de
captivité qu'il a déjà perdus, sur son fils, sur sa
fille, sur son neveu, gracieux enfant de la plus
brillante espérance; il craint pour ceux qui lui res-
tent et qui s'étiolent dans cette étroite enceinte,
sous ce ciel étranger; il craint surtout pour sa
mère, sa belle-mère, sa nourrice, à cause de leur
âge, de leurs infirmités, de leur perpétuelle séques-
tration (1).

Il souffre, mais il ne rêve plus d'autre avenir que
celui auquel il avait paru destiné dès sa jeunesse;
parfois même on dirait que son âme ardente s'exalte

(1) Aucune des femmes n'a encore osé sortir de ses appar-
tements; Abd-el-Kader lui-même n'a quitté sa chambre qu'un
instant, et une seule fois, pour courir à ma rencontre, lors de
mon arrivée.

L'une de ces infortunées qui naguère encore y gémissait (en
décembre dernier), répétait en mourant, il y a quelques jours
à peine, ces cris déchirants : « *La liberté! la liberté! je sens*
» *qu'elle me guérirait!* »

à la pensée d'une nouvelle illumination; mais elle
sent, et elle n'est pas la seule, que, pour s'y abandonner, il lui faudrait enfin la liberté qu'il réclame.

Et cependant, sous bien des rapports, cette même
captivité lui aura été singulièrement profitable; et
ses résultats définitifs devraient rassurer même les
plus soupçonneux, même les plus inquiets des favorables rumeurs qui circulent à son sujet depuis
le vote du 10 décembre.

Sans elle, c'est-à-dire s'il eût cinglé directement
de la baie de D'Jemma-Ghazaouat vers celle d'A-
lexandrie, il n'eût pas vu la France, Toulon et ses
vaisseaux, Marseille et les merveilles de son commerce, la Provence, le Languedoc, Toulouse, le
doux pays d'Henri IV, Bordeaux, ses belles cam-
pagnes, son magnifique fleuve, Nantes, le cours
enchanté de la Loire, le jardin de la France, nos
puissantes machines, nos chemins de fer et de feu;
il n'eût jamais pu se faire une idée aussi exacte,
aussi complète de nos forces, de notre richesse, de
notre puissance, de notre civilisation enfin et de ses
innombrables prodiges.

En descendant la Gironde, et à la vue de ses rives
fécondes, des milliers de villages et de châteaux
dont elles s'enorgueillissent, des pittoresques co-
teaux qui les encadrent, il s'écriait naguère: « C'est
» l'image de la vie, en vérité, tandis que nos soli-
» tudes et nos déserts sont celle de la mort. »

Même sous le rapport religieux, l'influence de ces jours mêlés d'ailleurs de tant d'amertume n'a pas été moindre. Il a pu, en effet, lire nos livres sacrés et les étudier ; il a pu nouer l'amitié la plus intime avec un évêque catholique ; il en a vu d'autres non moins empressés à sympathiser avec lui, et dont les vertus le devaient bien davantage frapper ; il a reçu les affectueux hommages d'une foule de pieux et doctes ecclésiastiques ; il a pu apprécier, et tous les siens avec lui, nos célestes sœurs de charité ; il a entendu l'airain sacré appeler nuit et jour à la prière ceux qu'il ne croyait pas même auparavant les adorateurs de Dieu ; de sa belle galerie, *en se promenant des yeux*, comme il le dit agréablement, il aperçoit une foule de clochers et d'édifices religieux.

Ah ! croyez-le bien, tout ceci n'est pas perdu, et l'influence ne tardera pas à s'en faire heureusement sentir ailleurs qu'autour d'Abd-el-Kader.

A peine sur le sol de France, à Toulon, il demandait au colonel Daumas de lui avouer avec franchise si les Français croyaient réellement en un seul Dieu et aux éternelles peines de l'enfer. Quelle différence depuis ! Jugez-en par un dernier trait :

« Plus j'étudie la religion juive, plus elle me
» semble rude et parfois terrible, me disait-il la
» veille de mon retour, à l'occasion de ses lectures

» de la Bible; tandis que la religion de Jésus-
» Christ me paraît être de plus en plus la douceur,
» l'indulgence, la bonté même de Dieu. »

CHAPITRE TROISIÈME.

Les prisonniers d'Abd-el-Kader.

—

J'ai souvent, dans ces derniers temps surtout, entendu dire de bonne foi que, si certaines qualités éminentes qu'il était impossible, en effet, de ne pas reconnaître dans l'Émir, le rendaient digne de quelque intérêt dans sa captivité, il était pourtant bien fâcheux pour lui de n'être traité, après tout, que comme il l'avait mérité naguère à cause de sa conduite barbare envers la plupart de ceux que le sort des armes, ou les excursions de ses farouches auxiliaires, avaient fait tomber entre ses mains.

Certes, si quelqu'un, redirai-je encore, si quelqu'un put apprécier à cette même époque, selon sa valeur vraie, cette conduite d'Abd-el-Kader envers ses prisonniers, ce fut bien l'ancien évêque d'Alger ; tous savent, au surplus, suffisamment à quel titre.

Eh bien ! je ne balance pas à dire que ce qui devrait peut-être, au contraire, le plus intéresser au sort de l'illustre habitant du château d'Amboise.

ce serait précisément la manière si remarquable
dont il traita constamment ses propres captifs, et
son empressement à les rendre à la liberté toutes
les fois qu'il en put trouver l'occasion; de telle
sorte, en vérité, que, si la question de son élargis-
sement était soumise aujourd'hui à de populaires
suffrages, nul parmi ceux d'entre eux qui survi-
vent n'hésiterait à se joindre à moi pour le réclamer au plus tôt, au nom d'une reconnaissance profondément sentie.

Je n'ignore point tout ce qui a pu être dit et col-
porté à cet égard durant l'effervescence d'une lutte
aussi passionnée de part et d'autre, ni ce qui en a
pu être raconté plus ou moins exactement sous divers titres, dans une foule de publications plus romanesques, pour la plupart, que dignes d'une sérieuse confiance; mais ici je ne prétends m'en rap-
porter qu'à mes renseignements personnels, à ce
que j'ai pu voir ou entendre par moi-même depuis
dix ans, en Algérie surtout.

Je m'honore, pourquoi ne l'avouerais-je pas volontiers? je m'honore de mes rapports avec cet homme
extraordinaire, de son affection et des témoignages
qu'il ne cesse de m'en prodiguer en toute occasion:
il y a longtemps déjà que, de mon côté, je lui avais
voué des sentiments correspondants, tout en parta-
geant, comme je le devais d'ailleurs, de patriotiques
vœux exaucés enfin par sa soumission le **22** décem-

bre 1847... Or, c'est principalement à ce que je savais, dès longtemps aussi, sur ce même palpitant sujet, que vous pouvez l'attribuer.

Mais, sans plus de retard, j'arrive à quelques détails, choisis au hasard parmi une multitude d'autres, et dont le langage sera plus expressif mille fois que tout ce que je pourrais essayer de vous en dire.

C'était, par exemple, dans les commencements, un usage aussi barbare que commun, chez ces sauvages combattants, de ne faire de quartier à qui que ce fût de leurs ennemis, de se glorifier, au retour de leurs courses homicides, du plus ou moins grand nombre de têtes coupées qu'ils rapportaient suspendues à la selle de leurs coursiers haletants ; et, pour le grossir encore non moins que pour satisfaire leurs féroces instincts, de massacrer tous ceux qui avaient le malheur de se trouver sur leur passage et de tomber entre leurs mains... Les chefs, à leur tour, avaient coutume de payer chèrement chacun de ces sanglants trophées.

Or, qui le premier, osa bien s'élever contre l'atroce usage? Qui défendit, avec toute la sévérité que lui pouvaient permettre les circonstances, d'ajouter aux têtes des infortunés qui avaient succombé les armes à la main, celles des prisonniers vivants, blessés ou non, dans le désordre de la razzia? Qui, enfin, au lieu de la somme convenue d'abord pour chacune de ces funèbres dépouilles, alla jusqu'à la tripler et davantage en faveur de ceux de ces derniers qu'on lui amènerait sains et saufs, ou du moins sans de nouvelles mutilations? Qui, encore une fois, sinon Abd-el-Kader lui-même? (*d*)

« Cette mesure, dit un témoin oculaire, fut pres-
» que l'occasion d'un soulèvement général dans
» l'armée. Un mot de l'Émir à cet égard, mot de-
» venu un règlement sans appel, mérité d'être cité :

» Un de ses soldats lui ayant demandé ce qu'il
» donnerait pour chaque prisonnier fait sur l'en-
» nemi, il répondit :

» — Huit douros.

» — Et pour chaque tête coupée? demanda in-
» solemment le soldat :

» — Vingt-cinq coups de bâton sous la plante
» des pieds, reprit tranquillement l'Émir. » (*Relation citée à la fin du premier chapitre*).

Un instant après avoir généreusement donné son cheval au capitaine de Cotte, le trompette Escoffier allait être mis en pièces par les cavaliers du khalifa, transportés de fureur d'avoir vu s'échapper ainsi leur plus belle proie, quand un cri se fait entendre tout-à-coup du milieu de leurs rangs en désordre : « Ne le tuez pas! ne le tuez pas! Conduisez-le plu-tôt au Sultan, vous savez bien qu'il vous en don-nera un bon prix, cinquante douros. »

Ah! sans doute, ces infortunés devaient parfois
étrangement souffrir à la suite de leurs brutaux et
grossiers vainqueurs, davantage encore peut-être
au milieu des tentes de certaines tribus exaspérées
par ce qu'elles avaient pu avoir elles-mêmes à supporter dans cette affreuse guerre.

Ainsi, souvent ils n'avaient pour nourriture
qu'un peu d'orge concassé, avec, et même parfois,
sans quelques gouttes d'une huile épaisse et fétide.

Ainsi, sans doute encore plus d'une fois, dé-
pouillés de leurs vêtements, à peine couverts de
misérables haillons, ils vous eussent inspiré la plus
juste comme la plus profonde compassion, vous
n'eussiez pu retenir vos larmes à cette vue.

N'oubliez cependant point en même temps, que
cette dégoûtante et insuffisante nourriture était souvent aussi l'unique pitance des réguliers de l'Émir
accoutumés dès leur enfance à une proverbiale so-
briété; n'oubliez pas qu'Abd-el-Kader n'en avait
souvent pas davantage, et que ses fanatiques Arabes
eussent murmuré contre lui à juste titre, s'il eût,
mieux ou moins mal, traité des prisonniers ennemis qu'eux-mêmes, leurs femmes et leurs enfants.

Un jour, sa troupe entière en était réduite à une
extrémité plus dure encore; quelques glands doux,
une demi-ration à peine et tout au plus de ce grain
à demi vanné, c'était tout ce qu'il avait pu leur
procurer dans ce moment critique. Cependant quel-

ques-uns de ces cavaliers affamés rencontrent au milieu des broussailles de la halte un mouton égaré : se jeter sur cette chétive proie, la tuer, la préparer à leur façon, la lui apporter comme en triomphe, c'est l'affaire de quelques instants, ils sont si heureux de le lui pouvoir offrir !

Mais, lui, demande tristement s'il n'y en a pas d'autres pour ses soldats épuisés et mourants de faim ; et, sur leur réponse trop facile à deviner, il le fait jeter au loin..... Tel Alexandre renversant son casque rempli d'eau, ou bien David la coupe de la citerne de Bethléem.

N'oubliez pas non plus qu'autant qu'il le pouvait il les faisait vêtir de nouveau, et que, de temps en temps, il faisait distribuer à chacun d'eux, aux principaux du moins pour qui ces épreuves devaient être deux fois insupportables, cinq, dix et jusqu'à vingt douros, afin qu'ils pussent, grâce à cette délicate assistance, améliorer leur sort, je veux dire le rendre moins difficile à supporter ; ouvertement, (il n'est pas nécessaire de le faire remarquer), il eût par trop offensé les siens bien moins partagé que ceux-ci.

Escoffier avait été, à son tour, dépouillé de ses habits de chasseur ; sous la tente, même durant les travaux pénibles que lui imposaient ceux à la garde desquels il avait été remis, il lui restait à peine de quoi se couvrir, de quoi dissimuler la honte de sa

nudité. L'Émir, cependant, non-seulement ne le
savait point, mais était assurément bien éloigné de
le soupçonner. Aussi, toutes les fois qu'il devait
comparaître devant Abd-el-Kader, par exemple
quand il reçut la décoration de la légion d'honneur
de ses mains guerrières, on n'avait garde d'oublier
de jeter sur ses épaules un burnous en bon état,
pas plus que le Sultan ne faisait faute de lui demander s'il était bien traité, s'il ne manquait de
rien, si ses gardiens prenaient soin de lui selon ses
ordres (e).

Mais, ce que l'Émir faisait ainsi personnellement
en toute occasion, plus d'une fois ses khalifas, Sid
Mohammed Ben-Allal en particulier, le firent volontiers à son exemple, sa miséricordieuse mère
plus que tous; et ce n'était guère dans le fond, que
de la part de quelques fanatiques, ou bien de la
part de ceux qui pleuraient encore sur leurs parents, sur leurs amis qu'ils avaient perdus, ou dont
les troupeaux avaient été enlevés, les gourbis sac-
cagées, les moissons fourragées en vert ou incen-
diées la veille de la récolte, les arbres fruitiers muti-
lés, que les pauvres prisonniers avaient à redouter
les scènes déplorables auxquelles je faisais allusion
au commencement de cet émouvant chapitre.

Le 21 mai 1841, quand deux cents de ces prisonniers, à peine délivrés un instant auparavant,
se vinrent jeter à mes pieds à Sidi-Klifa, je remar-

quai avec attendrissement que, par ordre d'Abd-el-Kader, tous avaient été convenablement habillés; j'aurais eu honte, si je ne l'avais pas pressenti, de ne pas lui remettre, au nom de la France, les siens en moins bon état; car, hélas! dans la sale et étroite prison d'Alger, plus d'un d'entre eux vous eût fait, la veille encore, une impression de douleur et de dégoût non moins profonde.

Vous rappelez-vous, à cette occasion, de quelle façon il accueillait ceux des nouveaux captifs qui, par une frayeur exagérée, étaient d'abord violemment tentés d'abjurer leur foi pour implorer Mohammed, et les étonnants conseils qu'il leur donnait?

Aussi, demandez, comme je me plus souvent à le faire dans ces jours d'attendrissante mémoire; demandez indistinctement à tous ceux qui l'approchèrent jamais parmi ses anciens prisonniers; demandez, si vous le voulez plus particulièrement encore, à certains hommes distingués qui longtemps partagèrent leur captivité, au commandant de Mirandol, par exemple, au capitaine Morisot, à l'intendant Massot; demandez-leur quel souvenir ils ont gardé, sous ce rapport, de cette douloureuse époque, de leurs relations personnelles avec l'Émir, et vous aurez peine à revenir vous-même de votre étonnement et de votre admiration en les entendant.

Il y a trois semaines environ que je lisais au châ-

teau d'Amboise des lettres singulièrement touchan-
tes, écrites par l'un d'eux à ce sujet pendant le séjour d'Abd-el-Kader à Pau.

Ceux d'entre eux qui ont pu le venir visiter déjà
l'ont fait avec un empressement et une cordialité
qui ne les honorent pas moins que lui, en vérité.

Tous se seraient faits, et, au besoin, se feraient
ses cautions avec enthousiasme.

Mais, savez-vous, à propos de cet échange célèbre auquel j'empruntais tout à l'heure un détail intéressant, à qui principalement il fut dû? Permettez-moi de vous le raconter en quelques lignes.

Ce même M. Massot venait d'être fait prisonnier
aux portes de Douéra, dans le Sahel d'Alger, et
déjà, comme par une céleste inspiration, sa jeune
femme éplorée, tenant sa petite fille entre ses bras,
ses nombreux amis, conjuraient l'évêque de tenter
auprès de l'Émir une démarche sans exemple encore
dans cette triste guerre.

Donc celui-ci, sans plus tarder en effet, le soir
même, et par un effroyable orage, écrit au fier disciple du Prophète :

« Tu ne me connais pas, mais je fais profession
» de servir Dieu, et d'aimer en lui tous les hom-
» mes ses enfants et mes frères.

» Si je pouvais monter à cheval sur-le-champ, je
» ne craindrais ni l'épaisseur des ténèbres ni les
» mugissements de la tempête, je partirais, j'irais

» me présenter à la porte de ta tente, et je te dirais,
» d'une voix à laquelle, si on ne me trompe point sur
» ton compte, tu ne saurais pas résister : Donne-
» moi, rends-moi celui de mes frères qui vient de
» tomber entre tes mains guerrières... Mais je ne
» peux partir moi-même.

» Cependant, laisse-moi dépêcher vers toi l'un
» de mes serviteurs, et suppléer par cette lettre,
» écrite à la hâte, à ma parole que le ciel eût bé-
» nie, car je l'implore du fond de mon cœur.

» Je n'ai ni or, ni argent, et ne peux t'offrir en
» retour que les prières d'une âme sincère et la re-
» connaissance la plus profondément sentie de la
» famille au nom de laquelle je t'écris.

» Bienheureux les miséricordieux, car, un jour,
» il leur sera fait miséricorde à eux-mêmes! »

Sa réponse ne se fit pas attendre; la voici :

« J'ai reçu ta lettre, je l'ai comprise, elle ne m'a
» pas surpris d'après ce que j'avais entendu racon-
» ter de ton caractère sacré.... Pourtant permets-
» moi de te faire remarquer qu'au double titre que
» tu prends de serviteur de Dieu et d'ami des hom-
» mes tes frères, tu aurais dû me demander non la
» la liberté d'un seul, mais bien plutôt celle de
» tous les chrétiens qui ont été faits prisonniers
» depuis la reprise des hostilités.

» Bien plus, est-ce que tu ne serais pas deux
» fois digne de la mission dont tu me parles, si, ne

» te contentant pas de procurer un pareil bienfait à
» deux ou trois cents chrétiens, tu tentais encore
» d'en étendre la faveur à un nombre correspondant
» de musulmans qui languissent dans vos prisons?

» Il est écrit : Faites aux autres ce que vous
» voudriez qu'on vous fît à vous-même. »

Et ainsi fut fait réellement quelques mois plus
tard, grâces, après cette irrésistible provocation
d'Abd-el-Kader, aux sympathies, aux encourage-
ments du général Bugeaud, sans lequel évidemment l'évêque n'eût pu que former des vœux.

Cependant, et comme, à cause de certains retards
involontaires de part et d'autre, la santé des prisonniers français cantonnés dans la brûlante vallée du
Chéliff paraissait en péril si leur séjour s'y prolon-
geait encore, de nouvelles instances étaient adres-
sées, au nom de l'Émir, à celui qui n'était pas assurément le moins impatient de ce miséricordieux
succès.

Et, le lendemain de ce jour fortuné, devineriez-
vous quel présent ce dernier recevait d'Abd-el-Kader? Oh! non, sans doute; c'est comme impossible, et pourtant qu'il peint bien l'homme! Mais
quelques détails deviennent ici nécessaires; vous
en excuserez la longueur.

Peu auparavant, en effet, l'évêque, voyant avec
quelle difficulté on pouvait à peine loger, entassés
pêle-mêle dans une trop étroite enceinte, une mul-

titude de pauvres femmes arabes prisonnières et de petits enfants, avait cru devoir offrir une de ses églises dans ce charitable but.

Son offre avait été volontiers acceptée, et désormais c'était sur la doublure des tapis de la cathédrale, étendue sur le pavé de Sainte-Croix-de-la-Casbah, que gisaient moins inconsolables ces malheureuses mères dont le sein tari par la misère et la douleur ne suffisait plus à la subsistance de leurs nourrissons.

Heureusement, l'asile des orphelins de Saint-Cyprien n'en était pas fort éloigné ; là bondissaient, sur la colline voisine du fort de l'Empereur, quelques chèvres de Malte achetées à grand prix, mais dont les mamelles semblaient inépuisables ; cette fois, vous devinez le reste.

Or, de retour au douar, les pauvres rachetées n'avaient pas tardé à tout raconter ; et c'était pour cela, « en mémoire de la douce rencontre de Sidi-» Klifa, suivant les expressions du lieutenant de » l'Émir, et pour m'aider à nourrir les petits or-» phelins chrétiens que je pourrais adopter, » que m'était envoyé, à travers les camps ennemis, ce magnifique troupeaux de chèvres suivies chacune de leur chevreau, dont vous retrouveriez encore aujourd'hui la race à Ben-ak-Noun (1).

(1) Maison des Orphelins.

Quelques-uns de nos guerriers me demandaient le lendemain quel souvenir de notre négociation Abd-el-Kader m'avait laissé en retour du présent d'usage (1) que j'avais dû lui offrir moi-même; ils supposaient que c'étaient peut-être d'ardents coursiers, de moelleux tapis... A ma réponse, de grosses larmes tombèrent de leurs yeux; j'y mêle encore les miennes en relisant la lettre du khalifa:

« Nous avons reçu tes lettres; nous en avons » compris le contenu. Nous avons reconnu avec » bonheur ton amitié et ta véracité. Les quatre pri- » sonniers qui les apportaient sont heureusement » arrivés. Il nous reste à te prier de t'occuper du » soin de ceux qui sont à Alger ou ailleurs, et très- » particulièrement de Mohammed-ben-Moctar.

» Les parents, les amis de ces pauvres prison- » niers étaient venus avec nous le jour où nous nous » sommes si doucement rencontrés. Quand ils ont » vu que ceux qu'ils aiment n'y étaient pas, ils se » sont mis à pleurer; mais, quand ils ont su ce que » tu nous avais promis, quand ils ont vu ton écri- » ture, ils se sont réjouis : l'amertume de leur dou- » leur s'est changée en joie, persuadés qu'ils les re- » verront bientôt, puisque tu l'as dit.

» Nous t'écrivons ceci, parce que, tous les jours, » ils viennent pleurer à la porte de notre tente;

(1) C'était une pendule et deux candélabres.

» pour nous, nous le connaissons, et nous savons
» bien qu'il n'est pas nécessaire que nous te fassions
» de nouvelles recommandations ; nous savons qui
» tu es, et que ta parole d'évêque est sacrée. Nous
» t'envoyons la femme, la petite fille et les prison-
» niers chrétiens, restés en arrière à Tekedempt ou
» chez Miloud-ben-Arrach. Quant au capitaine, au
» Reïs et aux autres prisonniers chrétiens qui sont
» avec lui, sois sans inquiétude sur eux ; ils sont en
» toute sûreté, sous la garde de Dieu. Sans la sortie
» du général et du fils du Roi, ils seraient déjà
» montés vers toi avec les autres. La guerre seule
» nous empêche encore de te les envoyer ; mais bien-
» tôt tu les auras tous.

» Je t'adresse, en attendant, le sauf-conduit dont
» tes amis pourraient avoir besoin. Ils feront bien
» d'aller d'abord chez le kaïd des Hadjoutes : les
» chemins ne sont pas sûrs.

» Je t'envoie un troupeau de chèvres avec leurs
» petits, qui tettent encore leurs mamelles pendan-
» tes ; avec elles tu pourras nourrir les petits en-
» fants que tu as adoptés, et qui n'ont plus de
» mère. Daigne excuser ce présent, car il est bien
» petit (1). Adieu. »

(1) Le jour même de l'échange, le khalifa m'avait dit, en
recevant le mien : « Le présent le plus agréable pour moi, en
» ce moment, c'est ton visage, c'est ton cœur. »

Hélas! cette cruelle guerre n'en poursuivit pas
moins son cours homicide; et, avant de longs jours,
de nouveaux captifs remplaçaient déjà, dans de
lointaines solitudes, ceux dont vous venez d'admirer la douce rançon.

Un nouvel échange, d'autres encore, n'eussent
pas été plus impossibles; je ne sais quelles préoccupations fâcheuses n'y laissèrent plus consentir:
Abd-el-Kader le désirait pourtant, non moins vivement que le premier.

Longtemps même il espéra que ses propositions à ce
sujet ne seraient pas incomprises; aussi, et en attendant une heureuse issue, qui ne se devait pas réa-
liser, il n'avait pas craint de proposer à l'évêque,
dont le cœur battait en ceci à l'unisson du sien, de
lui députer quelqu'un de ses prêtres, d'une confiance intime. « Il ne manquerait de rien auprès
» de moi, lui écrivait-il; j'aurais soin qu'il fût ho-
» noré, respecté de tous parmi nous, comme il con-
» viendrait à son double caractère d'homme con-
» sacré à Dieu et de votre représentant; il prierait,
» chaque jour, avec les prisonniers, il les console-
» rait, il pourrait correspondre avec leurs familles,
» et, par ce moyen, leur procurer de l'argent, des
» vêtements, des livres, en un mot, tout ce qu'ils
» pourraient désirer qui adoucît pour eux les ri-
» gueurs de leur captivité; seulement en arrivant,
» et une fois pour toutes, il promettrait de ne ja-

» mais révéler, dans ses lettres, ni mes campe-
» ments, ni le reste de mes opérations de guerre. »

Si ce projet ne réussit point, il est juste de dire
que ce ne fut la faute ni de l'Émir, qui l'avait conçu,
ni de celui à qui son noble cœur l'avait proposé.

Au surplus, deux ans après, ou environ, il poussa
la générosité jusqu'à renvoyer, sans conditions au-
cunes, et uniquement parce qu'il n'avait plus de
quoi les nourrir, tous ceux qui, à cette époque, gé-
missaient captifs auprès de sa tente. Le nombre, si
ma mémoire ne trahit pas mon cœur, en était de
quatre-vingt-treize; il les fit conduire aux avant-
postes, où ils arrivèrent, en effet, épuisés de lassi-
tude et de faim.

Que diriez-vous donc de ce soldat français, mor-
tellement atteint, après avoir blessé trois fois l'É-
mir surpris dans le temps par le colonel Géri, et
qu'Abd-el-Kader fit transporter dans sa tente avec
toute sorte de soins? Il y reçut les secours les plus
empressés, les plus assidus, et n'en sortit plus....
Ah! s'il n'eût succombé au bout de quelques jours
à sa blessure; s'il vivait encore, que vous aimeriez,
sans doute, avec moi, à l'entendre nous raconter
cette héroïque, j'allais dire cette chrétienne façon
de se venger!

Mais je ne peux tout dire; il est temps que je
termine ces citations faciles à diversifier à l'infini;
elles suffiront, j'ose l'espérer, à vous faire appré-

cier la conduite d'Abd-el-Kader à l'égard de ses
propres prisonniers.

Permettez-moi seulement d'y joindre un des plus
curieux récits du capitaine Morisot au retour de sa
captivité, c'est le commencement de sa dramatique
histoire : « J'étais sorti de Koléah, à la tête d'un
» détachement de trois cents hommes environ, in-
» fanterie et cavalerie, et j'arrivais au bois du Mas-
» safran. Tout-à-coup une multitude d'Arabes, em-
» busqués dans ces sauvages défilés, nous entoure,
» se précipite sur nous en poussant, selon leur
» habitude, des cris effroyables.

» Blessé presque aussitôt assez grièvement au
» bras, j'essaie de gravir un mamelon, du haut du-
» quel je pourrais rallier mes soldats rompus et en
» désordre; mais avant d'y parvenir, un second
» coup de feu atteint mon cheval, il se cabre, se
» renverse sur moi : je roule évanoui.

» Quelques heures après, je me réveillai au
» camp de Sid Mohammed Ben-Allal. J'avais peine
» à me rendre compte de ce qui m'était arrivé :
» j'avais encore mes épaulettes, ma croix d'hon-
» neur, on ne m'avait rien pris; j'étais à l'abri
» d'une tente, sur une espèce de matelas, entre
» deux burnous disposés en guise de draps, un ta-
» pis à côté, avec une gargoulette pleine d'eau,
» des citrons et du sucre.

» Je demandai le khalifa; il vint aussitôt, et

» s'empressa de me consoler de son mieux. Je sus
» alors qu'à la fin de l'action, deux réguliers vi-
» goureux m'avaient emporté dans leurs bras, et
» qu'avec autant de ménagements qu'on avait pu
» en employer, on avait réussi à me transporter
» ainsi jusqu'au camp.

» Ne craignez point, ajouta-t-il avec bonté, il
» ne vous sera fait ici aucun mal. Votre cheval
» n'est pas mort non plus; on en prendra soin, et
» il vous sera rendu. Dès que vous serez en état
» de vous tenir sur une mule, vous choisirez celle
» de toutes les nôtres dont l'allure vous parai-
» tra la moins fatigante; et, à petites journées,
» vous vous acheminerez vers l'intérieur, où nous
» sommes bien obligés de vous conduire, pour obéir
» aux ordres du Sultan; vous y serez d'ailleurs
» moins mal qu'ici.

» Et, dans le vrai, au bout de quelques jours,
» je partis doucement voituré par une de leurs mu-
» les. Tous les matins, à cinq heures, je me met-
» tais en marche; je faisais halte vers neuf heures;
» à l'endroit où je devais m'arrêter, j'étais sûr de
» trouver une tente préparée d'avance pour me re-
» cevoir, et le plat que j'avais demandé pour mon
» repas.

» Vers trois heures, je repartais; au coucher du
» soleil, je campais sous une nouvelle tente; j'étais
» assuré que mon second repas répondait, aussi

» bien que le premier, à ma désignation et à mon
» choix.

» C'est ainsi qu'à lentes journées, je m'achemi-
» nai vers le lieu assigné pour ma résidence; j'y
» reçus un accueil non moins surprenant de la part
» d'un ennemi généreux et trop peu connu, etc. »

Ceci était écrit quand il m'est tombé sous la
main, à l'occasion de la petite fille et de la femme
prisonnière, dont le bey de Milianah m'avait parlé
dans sa lettre, un fragment de relations intéressantes
que je ne résiste pas au plaisir d'ajouter à ce trop
long chapitre : « Quant aux prisonnières, dit ce té-
» moin oculaire, elles habitent une tente particu-
» lière, tout auprès de celle de la mère de l'Émir.
» Deux nègres esclaves, appartenant exclusivement
» à cette femme vénérée, veillent à l'entrée, et per-
» sonne n'y peut pénétrer sans son ordre.

» Chaque matin, les prisonnières se rendent au-
» près de la mère du Sultan pour recevoir une ra-
» tion de galette, d'huile, de beurre et de viande,
» destinée à leur repas, qu'elles-mêmes doivent
» préparer.

» Sa bonté touchante pour les prisonnières la
» fait regarder par elles comme leur mère. C'est
» une chose vraiment admirable, que l'attention et
» la prévoyance dont elle les entoure. Lorsqu'une
» de ces malheureuses est malade, la veuve de Mahi-
» Eddin lui envoie aussitôt du sucre, du thé, du

» café, et tout ce qui peut lui être utile et salu-
» taire.

  » Les prisonnières, à leur tour, témoignent, au-
» tant qu'elles le peuvent, leur reconnaissance pour
» tant de bienfaits, par ces petits services qu'une
» femme seule peut rendre. La plupart mettent à
» la disposition de leur bienfaitrice leur talent
» pour la couture.

  » Elle accepte presque toujours; mais ce n'est
» que pour dissimuler un nouveau bienfait sous
» l'apparence d'un salaire; car elle ne manque ja-
» mais de payer beaucoup plus qu'il ne vaut l'ou-
» vrage qui lui est rapporté. »

  Comment, avec ce que vous savez, d'ailleurs,
qu'il professe de vénération et de tendresse pour cette
mère, comment Abd-el-Kader n'eût-il pas été miséricordieux et compatissant envers ses malheureux
prisonniers ?

  Et, aujourd'hui, la mère et le fils sont prisonniers
à leur tour... Mais ce serait gâter ces choses que de
vouloir les faire sentir. Seulement, rappelez-vous
l'humble destination du profit de ces quelques pages, et le charitable avis qui les précède; grâces, en
effet, à leur succès, si elles en avaient, il serait
possible de conserver, d'entretenir plus longtemps
au château d'Amboise les deux sœurs que nous y
avons placées, et de seconder moins imparfaitement
leur miséricordieuse mission.

CHAPITRE QUATRIÈME.

D'un sanglant épisode de la dernière guerre, ou du massacre de trois cents malheureux prisonniers.

—

Mais, dès-lors, comment Abd-el-Kader, devenu tout-à-coup si différent de lui-même, put-il se résoudre, en 1846, à ordonner le massacre des trois cents prisonniers français dont le sang est retombé sur lui comme une malédiction à la face du monde entier qui en a frémi d'horreur ?

« N'exerça-t-il donc point naguère de cruelles
» vengeances contre des Français désarmés et pri-
» sonniers comme il l'est maintenant lui-même ? Ne
» fit-il pas, un jour, massacrer quatre cents de nos
» soldats qui, après des prodiges de valeur, avaient
» succombé sous le nombre ? Et ce massacre ne se
» fit pas dans l'enivrement de la lutte, en plein
» combat, mais après une froide délibération sur le
» sort des prisonniers. »

Les lignes qui précèdent ne sont qu'un extrait textuel d'une des publications récentes les plus modérées que j'aie pu consulter à cet égard ; il est vrai qu'elle ne daté que de quelques mois, et que ces lignes accusatrices échappaient à un écrivain qui ne pouvait avoir connu ces choses par lui-même ; au surplus, elles n'étaient que l'expression d'un sentiment patriotique, excusable en soi, mais non suffisamment éclairé.

J'avoue que, si, en effet, Abd-el-Kader s'était rendu coupable d'un crime pareil, surtout en de semblables circonstances, sa captivité personnelle ne devrait inspirer que des sentiments bien peu sympathiques, et je n'oserais pas insister davantage, ni réclamer plus longtemps pour lui l'intérêt qu'il me paraissait digne d'inspirer jusqu'à ce jour néfaste.

Mais je m'empresse d'ajouter qu'à mon avis il n'y a rien de moins démontré que cette accusation terrible, beaucoup trop facilement répandue, hélas! et acceptée... Bien plus, je suis convaincu qu'il ne saurait, d'aucune façon, en être responsable ; et j'ai hâte de vous faire partager, avec ma conviction à cet égard, ce que me fait par suite éprouver cette déplorable facilité à le juger indigne de la commisération et de l'intérêt de la France.

C'est une question, je le sais, très-délicate et fort grave; j'ai donc voulu, j'ai dû l'étudier d'une manière particulière; et ce n'est que lorsque j'ai pu reconnaître avec bonheur qu'il en était réellement tout-à-fait en dehors, que j'ai consenti à laisser ses mains s'entrelacer avec les miennes, et se reposer ainsi tendrement unies, sur son cœur et sur le mien. Je m'explique :

Quand cet affreux malheur fut consommé, il y avait longtemps déjà (1) que l'Émir avait quitté sa Deïra et luttait à cent cinquante lieues environ du théâtre de cette boucherie, d'une façon désormais désespérée, contre les efforts toujours croissants et les succès de nos plus braves généraux.

Par ses ordres, assure-t-on, déjà plusieurs fois ces infortunés (2), dont le nombre, quoique moins considérable que beaucoup ne l'estiment, était devenu pourtant d'un extrême embarras pour ceux qui les gardaient, avaient été offerts, proposés en échange d'une portion de nos propres prisonniers ; une rançon correspondante avait été demandée à certains représentants du gouvernement français en Algérie, mais inutilement chaque fois ; car on ne voulait pas, disait-on, « traiter, de quelque façon que ce fût, avec des sujets révoltés (3). »

---

(1) Je le tiens de sa bouche.

(2) Les deux tiers avaient été pris à Aïn-Tmouchen sans combat ; c'étaient des convalescents, pour la plupart, à qui le général Cavaignac avait donné l'ordre de se rendre à ce petit poste.

(3) L'échange de 1811 avait été l'objet de reproches, de critiques non moins amers qu'injustes ; on l'avait considéré, à Paris, ailleurs même, comme une faute grave en politique, et,

Il est des personnes qui croient, au contraire, que, puisque par le traité de la Tafna, l'Émir avait été reconnu chef souverain, sous la suzeraineté de la France, d'une partie du territoire autrefois soumis aux Turcs ; puisqu'il lui avait été permis d'avoir auprès de nous, ou de recevoir auprès de lui, des *oukils* (chargés d'affaires), ce n'eût point été précisément traiter avec des sujets rebelles, mais bien plutôt avec des ennemis vaincus, que de négocier avec lui ou avec les siens ; et il ne vous échappe point, d'ailleurs, qu'il n'est pas absolument certain, tant s'en faut, que ce fût lui qui eût primitivement, formellement rompu ce même traité.

Quoi qu'il en soit, sur ces entrefaites, les circonstances devenaient de plus en plus critiques et pressantes ; les Kabiles marocains, qui, depuis le commencement ou à peu près, avaient dû nourrir cette troupe aux abois, et, le plus souvent, dans ces derniers temps, la Deïra elle-même, réclamaient impérieusement du khalifa d'Abd-el-Kader, à la garde duquel les prisonniers avaient été confiés, ou le prix convenu de leur nourriture, ou leurs têtes... A plus forte raison, refusaient-ils de continuer à subvenir à cette dépense, fort étrange, en

bien certainement, on n'en eût pas permis un second. J'ai plus que des doutes, moi, à cet égard, et je dois être aussi bien renseigné, pour le moins, que qui que ce soit.

effet, pour gens de cette espèce, qui assurément n'eussent pas aussi longtemps attendu eux-mêmes.

Or, ce personnage, fort différent, je le déclare, sous tous les rapports, de celui qu'il représentait en ce moment, ne savait plus que leur répondre ou que faire. La Deïra, décimée par la misère et par la faim, était sur le point de manquer du plus absolu nécessaire... Ah ! bien difficilement, en France, on se ferait une exacte idée d'une pareille extrémité. Traquée en outre de tous côtés, presque aussi exposée désormais sur une rive de la Moulouïa que sur l'autre, quand elle était réduite à en franchir les ondes turbulentes; obligée de changer presque chaque jour de campement, et ne sachant comment rendre moins hostiles les dispositions de ses nouveaux hôtes, il fallait prendre un parti, la situation empirant de jour en jour ; mais lequel ? que faire ?

Renvoyer aux avant-postes français les trois cents malheureux prisonniers, sans rançon, sans condition aucune ? Quelque temps auparavant, on en avait bien vu un exemple émouvant ; mais ceux-là étaient moins nombreux, et, d'ailleurs, alors c'était Abd-el-Kader lui-même... Ceux-ci, au contraire, n'étaient-ce pas trois cents ennemis de plus dont ils pouvaient redouter la vengeance terrible, et des ennemis qui, après avoir aussi longtemps vécu avec eux, leur deviendraient deux fois plus dangereux sous une foule de rapports qu'il n'est même pas nécessaire d'indiquer ?

Les garder encore ? Mais ils seraient morts de
faim ; mais, pour veiller à leur sûreté, à leur garde,
il fallait distraire du nombre des combattants va-
lides, qui diminuait chaque jour (1), cinq ou six
cents guerriers ; vous le comprendrez facilement en
considérant quels étaient ces prisonniers, et dans
quelle situation tous se trouvaient, si près d'ailleurs
de la frontière française ; mais n'auraient-ils pas
fini par se révolter, si cette garde eût été moindre
qu'auparavant, et par devenir un immense péril de
plus pour cette malheureuse agglomération de femmes, d'enfants, de vieillards, de malades, de blessés, qu'on appelait la Deïra ?

Je n'excuse certes pas, je raconte.

Ce fut donc alors que, sans prendre davantage
conseil que de ces fanatiques Kabyles et des diffi-
cultés de son affreuse position, loin de l'Émir, dont
l'autorité morale s'était affaiblie, il faut bien en
convenir, d'une façon correspondante à l'affaiblisse-
ment de sa fortune, et dont il redoutait peut-être
au fond la généreuse et proverbiale clémence, le
khalifa Ben (dispensez-moi d'achever de tracer un
nom trop connu, au surplus) se décida....... Bien
plus encore, dispensez-moi de continuer ce récit.

---

(1) Abd-el-Kader, de son côté, ne cessait en effet de réclamer de nouveaux renforts pour l'aider à soutenir sa lutte de
plus en plus désespérée.

J'ai entendu raconter je ne sais quel tragique
épisode d'une guerre fameuse en Égypte, et même
de trop semblables détails d'une campagne d'Alle-
magne plus moderne encore, qui pourraient, jusqu'à un certain point toutefois, faire comprendre
cette résolution désespérée.

Quand on aborde avec l'Émir Abd-el-Kader ce
délicat sujet, la rougeur lui monte au visage, on
voit que son âme se soulève... Il en repousse le
simple soupçon avec une noblesse, avec une énergie
qui ne laissent pas même de doute à son égard;
puis, quand on le presse davantage, il vous fait
comprendre que ce n'est pas à lui qu'il appartient
d'en désigner le malheureux auteur.

Ah! croyez-vous que l'Émir serait personnellement, lui, entouré au château d'Amboise de tant de
soins délicats de la part de ceux qui en ont la haute
surveillance? Croyez-vous qu'il serait, de la part
de tous ses anciens rivaux, qui le connaissent personnellement aussi, l'objet de tant de sympathies,
s'il portait ineffaçable au front cette tache de sang
et de honte?

Certes, qui jamais en Algérie fut plus humain,
plus miséricordieux, non-seulement envers ses soldats, mais même envers les Arabes, que le maréchal Bugeaud? J'en atteste l'affection proverbiale,
le dévoûment profond, la reconnaissance de tous
ceux qui servirent sous lui ou qu'il combattit en

Afrique... Et pourtant, qui ne sait, en même temps,
à quelles extrémités plus lamentables encore peut-
être que ce massacre, certains de ses lieutenants se
crurent forcés d'avoir recours (1), jusqu'à trois fois
dans le Dahra, par exemple, ou la veille d'un trop
célèbre désastre dans l'Est, sans parler d'une foule
d'autres tristes détails moins connus qui me font
monter au front, seulement en les indiquant d'une
manière aussi vague, quelque chose de la rougeur
du visage de l'Émir, alors qu'en sa présence on fait
allusion à l'effroyable scène ?

Et dans la pensée de qui, cependant, vint-il jamais un instant d'attribuer ces choses au vainqueur
d'Isly, ou de l'en rendre responsable à la face de la
France et de l'histoire? Captif au camp d'Abd-el-
Kader, si, par impossible, le sort des armes eût été
fatal au maréchal Bugeaud, qui oserait dire qu'aucun Arabe les lui eût jamais reprochées personnellement?

Mais alors pourquoi donc vouloir, à tout prix,
faire retomber ce sang versé par d'autres mains
que par les siennes, c'est désormais évident, sur l'illustre captif du château d'Amboise? Pourquoi rendre Abd-el-Kader responsable d'un acte qu'il ne put

(1) Je ne juge pas en politique; je raconte avec autant de
modération et d'impartialité que je le peux; vous devez vous
en apercevoir.

empêcher, dont toute sa vie dépose qu'il était personnellement incapable; pourquoi le lui reprocher
avec colère, avec indignation, au risque d'aggraver
son malheureux sort?

Est-ce que, plus tard, ces mêmes Marocains, las-
sés de supporter la Deïra, de la protéger et de la
nourrir, ne le contraignirent point lui-même à les
fuir, après les avoir héroïquement combattus, au
péril de tomber entre les mains moins ennemies des
Français, et, par suite, n'amenèrent pas pour lui
la catastrophe du 22 décembre?

Je ne peux m'empêcher d'être profondément ému
pourtant, quand repassant, dans le recueillement
de ma solitude, ces souvenirs palpitants, je me rappelle l'admirable dévoûment d'un de mes anciens
prêtres, le curé de Mascara... Hélas! peut-être, en
effet, que, s'il eût pu achever, arriver à temps, ce
sang n'eût pas été répandu à flots homicides.

L'abbé Creuzat s'était résolument embarqué pour
l'Espagne (1), pour Gibraltar et pour Tanger; il
avait tout bravé, et, sans les scrupules hors de saison de certain diplomate français auquel il se confia,
dans sa simplicité d'apôtre, il eût accompli sa mission, celle de rejoindre l'Émir, sa Deïra, et de se

(1) Il avait fallu prendre ces précautions politiques, sage-
ment conseillées par le guerrier dont je rappelais et célébrais
tout à l'heure l'humanité à tant et à de si justes titres.

dévouer sans réserve au salut de ceux vers lesquels il accourait avec transport.

Ce n'est pas non plus sans émotion que je transcris ici textuellement les nobles paroles de M. le prince de la Moscowa, dans une des plus graves séances de la Chambre des pairs, en janvier 1848 ; vous les retrouverez bientôt ailleurs :

« *Sans doute, on peut invoquer contre Abd-el-Ka-*
» *der, comme vient de le faire, en m'interrompant,*
» *M. le général Marbot, l'affreux massacre de nos*
» *prisonniers. Cependant, sans aucun moyen, j'en*
» *conviendrai, pour le savoir, je pourrais répondre*
» *que, suivant les khalifas eux-mêmes d'Abd-el-Kader,*
» *ce n'est pas à l'Émir qu'il faut imputer ce fait*
» *odieux ; et si je dois déclarer ici toute ma pensée,*
» *j'ajouterai que tout ce que nous savons jusqu'ici du*
» *caractère d'Abd-el-Kader autorise cette supposition.*
» *Ce serait donc à son insu, et sans sa participation,*
» *que ce déplorable massacre aurait eu lieu. D'un*
» *autre côté, je ne veux pas invoquer de tristes souve-*
» *nirs ; mais enfin ne sommes-nous pas autorisés à*
» *craindre que les Arabes, en commettant ce crime,*
» *n'aient cru exercer des représailles? Je n'insisterai*
» *pas davantage* ». (Extrait du MONITEUR).

Tous ces nobles enfants de la France ne furent pourtant pas sacrifiés ; quelques-uns, les officiers entre autres, trouvèrent grâce dans cet affreux moment, et durent sans doute d'être épargnés à l'es-

poir d'une tardive et désormais irrefusable rançon.
Cet espoir ne fut point déçu, en effet, et le prix,
que l'Émir ignora, dit-on, servit à désintéresser,
du moins en partie, les Kabyles de ce que leur avait
coûté pendant si long-temps la nourriture des im-
molés.

Leur situation même avait été récemment adoucie
par des secours venus de Tlemcen, et, la veille de
leur heureuse libération, ils possédaient encore une
certaine somme en argent, capable de subvenir aux
plus poignantes de leurs misères (1).

On prétend que l'un d'entre eux, célèbre par sa
bravoure aux champs de Sidi-Brahim, s'est plaint
amèrement, à son retour, de la manière dont il avait
été traité durant ses longs malheurs; déjà même,
dans le temps, une de ses lettres, remplie d'une
irritation qui portait son excuse avec elle, avait été
publiée par sa famille désolée; quelques-uns ajoutent qu'il reproche personnellement à l'Émir de
n'avoir pas été de bonne foi dans la dernière de ses
négociations à son sujet.

Je dirai cependant que plusieurs autres m'ont
paru disposés à croire que la bonne foi de l'Émir
ne semblait pas compromise à ce point que le sup-
poserait le récit prêté au vaillant captif délivré;
qu'il était fort possible, après tout, qu'Abd-el-

(1) 500 fr. sur 3,000 qu'ils avaient pu recevoir.

Kader n'eût pas su bien exactement le détail des
conditions de ses lieutenants, et que, dans tous les
cas, ce dont il se plaindrait en particulier (1) témoi-
gnerait plutôt de la répugnance pleine de pudeur
d'Abd-el-Kader à paraître avoir fait d'une question
pareille une question d'argent.

Au surplus, il ne faut pas oublier que cette
somme devait servir à solder, entre les mains des
Marocains, les dépenses de cette même captivité.

J'ajouterai que plus d'un autre noble délivré,
pénétré, au contraire, de reconnaissance envers
Abd-el-Kader pour les soins qui lui avaient été pro-
digués, en ces mêmes circonstances, autant qu'il
avait été possible, a cru devoir la lui témoigner dans
ces derniers temps, et je pourrais citer plus d'un
pèlerinage au château d'Henri IV, entrepris dans ce
but sacré, qui honorent l'Émir non moins que ses
anciens prisonniers, et serviraient, au besoin, de
dernière et éloquente protestation contre des paroles peu mesurées et même contre cette triste accusation tout entière ; mais, en vérité, ne croyez-vous
point avec moi que désormais, au moins pour vous,
lecteur de bonne foi, ce n'est plus nécessaire?

---

(1) Au moment de quitter le camp de l'Émir, et alors que le
brave officier se disposait à prendre congé d'Ad-el-Kader, le
khalifa Sid Kadour lui aurait dit de ne pas parler au Sultan de
la somme convenue parce que ce dernier l'ignorait, ses lieutenant l'ayant stipulée de leur chef dans le but qu'il savait.

CHAPITRE CINQUIÈME.

De la capitulation de 1847.

—

Voici, à ce sujet, le récit que je tiens de la bouche de l'Émir; j'y ajouterai celui que je viens de lire dans le *Moniteur*; chacun jugera ensuite de cet acte si grave et de ses suites, selon qu'il lui conviendra :

« Depuis trois ans déjà, je ne combattais plus
» dans l'espérance de voir finir heureusement pour
» les miens et pour moi la lutte opiniâtre qui n'a-
» vait pas cessé de nous tenir en haleine depuis le
» mois de novembre 1839.

» Je croyais n'avoir pas encore suffisamment ac-
» quitté ma dette envers mon pays, et je redoutais
» jusqu'à l'apparence d'un reproche de la part de
» mes coreligionnaires et de tous ceux qui, au com-
» mencement de cette sainte et nationale guerre,
» avaient mis en moi leur confiance, et m'avaient,
» à leur tour, juré de ne me pas abandonner.

» Depuis environ le même temps, diverses pro-

» positions m'avaient été faites, plus ou moins di-
» directement, qui toutes semblaient me convier à
» déposer enfin les armes, en retour de conditions
» à peu près pareilles à celles que je réclamai du
» gouvernement français, par l'intermédiaire du
» général La Moricière, le 22 décembre dernier.

» Ben-Salem, en particulier, l'un de mes plus
» dévoués lieutenants de l'Est, m'avait écrit peu
» auparavant, au moment de sa soumission forcée
» et de son départ pour l'Orient sur des navires
» français avec ses tentes; c'était, assurait-il de la
» part du gouverneur général, dont je connaissais
» la loyauté égale à son courage, et pour me don-
» ner la certitude que, si je l'imitais dans cet acte
» désespéré, je serais traité moi-même non moins
» favorablement que lui.

» Vous savez, en effet, comment à sa demande
» il fut transporté sur des vaisseaux de votre na-
» tion dans ces contrées lointaines que rapproche
» de nous le même culte; il lui avait même été dit
» que, pour moi, si la traversée sur des vaisseaux
» chrétiens me répugnait par trop, des barques
» musulmanes me seraient offertes au nom de la
» France et à ses frais.

» Certes, j'avais foi en la loyauté française, et
» je ne doutais point, en effet, qu'en échange de
» ma soumission personnelle, et de la pacification
» générale qui en serait la conséquence, ce qui me

» serait promis me serait tenu. Et, néanmoins, je
» ne pouvais me résoudre à descendre de mon che-
» val et à dire cet éternel adieu à nos montagnes
» chéries.

    » Cependant, vers la fin de 1847, ma position,
» celle de ma Deïra surtout, devenait de plus en
» plus critique; loin d'accourir à mon secours,
» l'empereur de Maroc m'avait abandonné, et ce dé-
» cidait plutôt à me poursuivre et à me combattre
» qu'à me soutenir et à me protéger, et j'avais au
» tant pour le moins à craindre désormais des sau-
» vages Kabyles du Riff que des chrétiens et des
» Français eux-mêmes, dont les efforts se multi-
» pliaient chaque jour davantage avec mes angois-
» ses et mes revers.

    » Si je me retirais de la lutte pour m'établir à
» Fez avec les miens, comme Bou-Hamédi, ou,
» pour aller au désert, Muley-Abderraman et ses
» fils ne me feraient aucun quartier.

    » Toutefois, je ne songeais pas encore à entrer
» en accommodement avec les Français, quand ma
» Deïra, où se trouvaient ma mère et tout ce qui me
» restait de plus cher, ayant été tout-à-coup exposé-
» sée, sans qu'il me fût possible de l'empêcher, à
» tomber entre les mains du général de l'ouest, je
» pris brusquement mon parti.

    » J'aurais bien pu, sans doute, à toute force,
» échapper de nouveau personnellement à cette dou-

» ble poursuite acharnée. J'avais encore autour de
» moi un certain nombre de mes vieux cavaliers,
» d'une bravoure égale à leur fidélité proverbiale ;
» longtemps encore j'aurais pu inquiéter les Fran-
» çais et leur colonie ; les tribus du désert, dont je
» connaissais le chemin, ne m'auraient pas refusé
» un peu d'orge et de lait ; j'aurais même pu, à la
» rigueur, gagner à cheval la route des villes sain-
» tes ; je l'avais parcourue dans mon enfance, avec
» mon vénéré père.

» Mais ma mère, mais les femmes, les enfants
» de ses serviteurs fidèles, mais les vieillards et tant
» de malheureux blessés qui les accompagnaient,
» que seraient-ils devenus ! D'ailleurs, n'était-ce pas
» exposer cette poignée de braves, pour la plupart
» du moins, à une mort inévitable ?

» Donc, j'écrivis au général La Moricière pour
» lui demander si le gouvernement français était
» vraiment toujours à mon égard dans les disposi-
» tions dont on m'avait si souvent entretenu, et si
» je pouvais compter, dans le cas où je me rendrais
» à lui sans plus de retard, sur cette translation
» en Orient devenue l'unique objet de nos vœux à
» tous.

» La Moricière m'envoya son sabre et son ca-
» chet, en retour des miens, pour gage de sa che-
» valeresque parole ; ce n'était pas assez pour moi ;
» j'insistai et demandai par écrit l'assurance de cette

» condition sans laquelle je ne pouvais cesser la
» lutte; et il me fut répondu dans le même sens.

» J'insistai de nouveau, et déclarai que si je n'a-
» vais pas la certitude que son engagement person-
» nel était suffisant, j'abandonnerais une dernière
» fois ma cause à Dieu, et que rien ne serait con-
» clu entre nous.

» Je reçus bientôt cette assurance écrite et si-
» gnée; un instant après je poussai mon cheval en
» avant, et j'arrivai dans son camp.

» Le duc d'Aumale débarquait en même temps à
» D'Jemma-Ghazaouat; le le vis, il me reçut no-
» blement, me dit qu'il n'était pas absolument né-
» cessaire qu'il ratifiât ce qu'avait fait son digne
» lieutenant, mais que, si je le désirais, et au be-
» soin, il le confirmait, il me donnait sa royale pa-
» role que ce qui avait été convenu entre nous se-
» rait fidèlement exécuté.

» Je lui offris alors mon dernier cheval !

» Il me demanda, presque aussitôt après, où
» je voulais décidément être transporté, et qui
» j'amènerais avec moi : je répondis que je dési-
» rais être transféré à Stamboul, à Saint-Jean-
» d'Acre ou à Alexandrie, et que j'amènerais avec
» moi ma mère, mes femmes et mes enfants, mes
» frères et leur famille, mon oncle, mes princi-
» paux officiers, environ cent personnes en tout.
» C'était parmi les miens à qui m'accompagne-

» rait... Je ne pouvais répondre à cet empressement
» de tous... Hélas ! je croyais les conduire dans un
» paisible séjour et à une espèce de bonheur; je
» ne savais pas que c'était dans une prison.

» Le fils du roi me répondit qu'il ne pouvait con-
» sentir à me faire conduire à Stamboul (1), mais
» que je partirais, dès que nous serions à Mers-el-
» Kébir, pour Alexandrie, selon ma demande et sa
» promesse. Seulement, il était nécessaire que le bâ-
» timent sur lequel je serais embarqué relâchât un
» instant dans le port de Toulon. J'y consentis vo-
» lontiers, ne soupçonnant guère assurément le ré-
» sultat de cette circonstance que j'attribuais à la
» nécessité de certains préparatifs de voyage.

» Arrivé à Toulon, on m'enferma dans une forte-
» resse comme un captif. Vraiment, si, au milieu
» d'une bataille, j'avais été blessé, j'étais tombé de
» mon cheval, une main guerrière m'avait saisi,
» désarmé, je n'aurais pas été traité autrement.

» Quelque temps après, on me dit que j'allais
» habiter une maison royale, en attendant mon dé-
» part; on me conduisit à Pau; vous m'y avez vu.

» J'y étais bien, mais on prétendit que mon sé-
» jour y devenait incommode et dangereux pour
» certaines réparations non encore terminées au

(1) Constantinople.

» château d'Henri IV ; Ce n'était pas exact (1). Vous
» savez le reste. »

Tel est en subsance, et accommodé au génie de
notre langue, le récit d'Abd-el-Kader sur ce point
aussi grave que délicat.

Et maintenant j'emprunte au *Moniteur* l'abrégé
textuel des rapports du général La Moricière et du
duc d'Aumale, ainsi que d'intéressantes explications données peu après à la tribune des deux Chambres. Ces dernières citations complèteront ce double récit ; leur intérêt en fera pardonner la longueur
à tout lecteur consciencieux ; n'est-ce pas d'ailleurs
le point capital de la question?

Le gouverneur général de l'Algérie au ministre
de la guerre.

« Monsieur le ministre,

» Un grand évènement vient de s'accomplir :
» Abd-el-Kader est dans notre camp. Battu par les
» Kabyles du Maroc, chassé de la plaine de la Mou-

---

(2) J'ai pu me convaincre par moi-même de l'exagération ,
sinon même de la fausseté , de tout ce qui a été dit et prétendu
à cet égard; et si mon témoignage ne vous suffisait pas , je vous
renverrais à certain procès-verbal du 1er ou 2 novembre, dressé
sur la demande du commandant militaire du château, et qui
constate le fait d'une manière positive. Ne m'en demandez pas
davantage ; j'aurais de trop tristes détails à vous raconter; d'ailleurs, paix à ceux qui ne sont plus.

» louïa par les tribus voisines, abandonné par la
» plus grande partie des siens qui s'étaient réfugiés
» sur notre territoire, il s'était jeté dans le pays
» des Beni-Snassen, et cherchait à prendre la route
» du sud que l'Empereur du Maroc avait laissée
» libre; mais, cerné par notre cavalerie, il s'est
» confié à la générosité de la France, et s'est rendu
» sous la condition d'être envoyé à Alexandrie ou
» Saint-Jean-d'Acre.

» Ainsi que je l'ai mandé à Votre Excellence,
» l'Émir avait, grâce à un stratagème aussi hardi
» qu'ingénieux, surpris, dans la nuit du 11 au 12,
» les camps marocains; cette attaque, qui a causé
» de grandes pertes au maghzen de l'Empereur,
» paraît avoir eu un succès complet. Abd-el-Kader
» avait affaire à un ennemi si nombreux, qu'il dut
» s'arrêter devant la multitude et la masse com-
» pacte de ses adversaires... Il rallia donc sa Deïra,
» et concentra toutes ses forces et tout son monde
» vers l'embouchure de la Moulouïa, entre la rive
» gauche de cette rivière et la mer.

» Les camps marocains continuèrent de resser-
» rer le cercle qui l'enveloppait; le général de La
» Moricière avait envoyé au caïd d'Ouchda trente
» mulets de cartouches qui furent distribuées aux
» Beni-Snassen, même envoi avait été fait de Ne-
» mours au caïd du Riff par une balancelle; les
» contingents kabyles grossissaient de toutes parts,

» et constituaient pour l'Émir un danger plus re-
» doutable que tous les autres.

 » Le mauvais temps retarda l'engagement quel-
» ques jours, de même qu'il ôtait à sa Deïra toute
» liberté d'action. Le 21, la Moulouïa était guéa-
» ble; les bagages et les familles des compagnons
» de l'Émir commencèrent à la passer pour venir
» dans la plaine de Triffa.

 » L'intention d'Abd-el-Kader était de la conduire
» jusque sur notre territoire; puis, de se retirer
» vers le sud avec ceux qui voudraient le suivre.
» La route avait été laissée libre par les Marocains,
» et les Beniben-Ziggou, les Hamyanes-Gharabas,
» toujours en relations avec lui, lui promettaient
» de faciliter l'exécution de ce projet.

 » Le commencement du passage de la rivière est
» le signal du combat que les kabyles marocains,
» excités par l'appât du butin, engagent avec furie;
» mais les fantassins et les cavaliers de l'Émir sou-
» tiennent jusqu'au bout leur vieille réputation,
» ils résistent tout le jour, pas un mulet, pas un
» bagage n'est enlevé. Le soir, ils ont perdu la
» moitié des leurs; le reste se disperse; la Deïra
» tout entière a gagné le territoire français; les Ma-
» rocains cessent la poursuite.

 » Abd-el-Kader, après avoir conduit lui-même
» l'émigration sur notre territoire, et l'avoir enga-
» gée dans le pays des M'Sirdas, le quitte; un pe-

» tit nombre se décide à le suivre... Mais le géné-
» ral La Moricière, informé de ce qui s'est passé,
» a deviné son projet de gagner le sud.

» Vingt spahis, commandés par un officier intel-
» ligent et sûr, le lieutenant Ben-Krouïa, avaient
» été, le 21 au soir, dès les premières nouvelles,
» envoyés en observation au col de Kerbous; bien-
» tôt des coups de fusil signalent un engagement
» de ce côté : c'est Abd-el-Kader qui rencontre nos
» spahis. Le général de La Moricière, qui, dans la
» nuit, avait fait prendre les armes à sa colonne,
» s'avance rapidement avec sa cavalerie. L'Émir a
» pour lui l'obscurité, un pays difficile, sillonné
» de sentiers inconnus de nos éclaireurs ; la fuite
» lui était encore facile.

» Mais bientôt, deux de ses cavaliers, amenés
» par Ben-Krouïa lui-même, viennent annoncer au
» général qu'il est décidé à se rendre, et qu'il de-
» mande seulement à être conduit à Saint-Jean-
» d'Acre ou à Alexandrie. La convention, immé-
» diatement conclue, est bientôt ratifiée par écrit
» par le général de La Moricière. Votre Excellence
» trouvera dans le rapport de cet officier général,
» que je lui envoie en entier, les détails dramati-
» ques de cette négociation.

» Aujourd'hui même, dans l'après-midi, Abd-el-
» Kader m'a été amené à Nemours, où j'étais ar-
» rivé le matin ; j'ai ratifié la parole donnée par
» le général La Moricière. »

Le commandant de la province d'Oran, lieutenant-
général de La Moricière, à S. A. R. Mgr. le duc
d'Aumale, gouverneur-général de l'Algérie.

« Au bivouac de Sidi-Mohammed-ben-Ouassim,
» 22 décembre 1847. Minuit.

» Monseigneur,

» Depuis la lettre que j'ai eu l'honneur de vous
» adresser le 18 courant, j'ai pris plusieurs fois la
» plume pour vous donner de nos nouvelles ; mais
» les évènements se pressaient si rapidement, que,
» la face des choses changeant à chaque instant, il
» m'était impossible de rien formuler sur la situa-
» tion. Vous allez en juger par ce qui va suivre.
» Je me borne à un résumé succinct, car je ne re-
» nonce point à l'espoir d'entretenir prochainement
» Votre Altesse Royale.

» Le 18 au soir donc, arrivent à mon camp des
» émissaires de Sidi-Mustapha, frère de l'Émir. La
» négociation avec ces personnages, fort heureuse-
» ment conduite par le commandant Bazaire, tou-
» che à son terme. Dans la nuit du 19 au 20, il
» passe la frontière, et vient camper chez les M'Sir-
» das. J'en suis informé le 20 dans l'après-midi,
» et je l'envoie chercher par quatre cents chevaux,
» sous les ordres du colonel Montauban. Le 21, il
» arrive à mon camp, vers deux heures de l'après-

» midi, avec une suite d'environ cinquante person-
» nes. La lettre d'aman, que V. A. R. lui a adres-
» sée, et la dépêche qu'elle m'écrivait le 19 du
» courant, venaient de m'arriver ; je la lui remis,
» et il ne fut tout-à-fait rassuré qu'après l'avoir
» lue.

» J'apprends cependant que c'est le 20 ou le 21
» que les camps marocains doivent attaquer Abd-
» el-Kader.

» Pendant les journées du 19 et du 20, les camps
» du fils de l'Empereur descendent la Moulouïa,
» par la rive gauche ; le caïd d'Ouchda s'avance
» jusqu'à Chéraa ; Abd-el-Kader vient camper à
» Agguidin, sur le rivage même de la mer.

» Un ancien brigadier du 2ᵉ chasseurs d'Afrique,
» qui servait dans les troupes marocaines, enlevé
» par l'Émir dans le coup de main de la nuit du 11
» au 12, s'échappe de la Deïra, au moment où elle
» vient camper à Agguidin, et nous donne des dé-
» tails intéressants sur les embarras de la situa-
» tion.

» Le 20, le mauvais temps empêche d'attaquer
» l'Émir ; mais on apprend à la Deïra que son frère
» a fait sa soumission. On voit la Moulouïa gros-
» sir, et les contingents des camps marocains aug-
» menter à chaque instant.

» Le 21, la rivière est rigoureusement guéable ;
» on commence à la passer pour venir dans la

» plaine de Triffa. Un combat opiniâtre s'engage;
» plus de la moitié des fantassins réguliers y sont
» tués; mais le passage de la Deïra s'exécute sans
» que les bagages soient pillés.

» Le soir, à cinq heures, les fantassins et les ca-
» valiers réguliers sont dispersés; la Deïra a passé
» le Kiss, est entrée sur notre territoire; les Ma-
» rocains cessent de la poursuivre. Abd-el-Kader,
» seul, à cheval, est à la tête de l'émigration, qu'il
» dirige dans les montagnes des M'Sirdas. Il de-
» mande le chemin à un des cavaliers de notre
» caïd, qui allait reconnaître les arrivants. Le fait
» m'est annoncé, à neuf heures du soir, le 21. J'ap-
» prends en même temps que l'Émir s'est enquis
» de la route qu'il peut suivre pour gagner les sour-
» ces du Kiss et les Beni-Snassen.

» J'étais convaincu, et je ne me trompais pas,
» que la Deïra venait de faire sa soumission; mais
» l'Émir, suivant le projet qu'on m'avait annoncé,
» cherchait à gagner le désert: j'ignorais le chiffre
» de ceux qui l'accompagnaient.

» A l'heure où j'avais été prévenu, il devait avoir
» gagné le pays des Beni-Snassen; mais il s'agis-
» sait d'en sortir. Or, la seule fraction assez bien
» disposée pour lui pour qu'il pût la traverser, est
» précisément la plus rapprochée de notre terri-
» toire. Le col qui débouche dans la plaine par le
» pays de la fraction dont je viens de parler, a son

» issue à une lieue et demie environ de la frontière.
» Je me décidai à faire garder ce passage ; et ce qui
» me détermina, c'est que le frère du caïd d'Ouchda
» nous avait écrit, le soir même, pour nous enga-
» ger à surveiller cette direction, par laquelle l'É-
» mir devait sans doute passer.

» Mais il fallait prendre cette mesure sans don-
» ner l'éveil aux tribus qui sont campées sur la
» route.

» Dans ce but, deux détachements de vingt spa-
» his, choisis, revêtus de burnous blancs, comman-
» dés, le premier, par le lieutenant Ben-Krouïa,
» l'autre, par le sous-lieutenant Brahim, furent
» chargés de cette mission.

» Le premier se rendit au col même, et le deu-
» xième avait une position intermédiaire entre ce
» point et notre camp. La cavalerie sella ses che-
» vaux, et le reste de la colonne se tint aussi prêt
» à marcher au premier ordre.

» Enfin, pour être prêt à tout évènement, après
» avoir calculé la marche probable de l'Émir, je
» fis prendre les armes à deux heures du matin
» pour porter ma colonne à la frontière. Je ne crai-
» gnais plus, à ce moment, que ma marche fût con-
» nue en temps utile par Abd-el-Kader.

» J'avais à peine fait une lieue et demie, que des
» cavaliers envoyés par le lieutenant Ben-Krouïa
» me prévinrent qu'il était en présence d'Abd-el-

» Kader, et qu'il était engagé. Le deuxième déta-
» chement s'était porté à son secours, et je fis de
» même aussi vite que possible avec toute la cava-
» lerie. Il était environ trois heures du matin.

» Chemin faisant, je reçus les députés de la Deïra
» qui venaient se soumettre, et auxquels j'ai donné
» l'aman au grand trot, en les envoyant à mon
» camp pour y chercher des lettres. (Je l'avais
» laissé sous la garde de dix compagnies).

» Enfin, quelques instants après, je rencontrai
» le lieutenant Ben-Krouïa, qui revenait avec deux
» hommes des plus dévoués de l'Émir, et qui étaient
» chargés de me dire qu'Abd-el-Kader demandait
» à se soumettre.

» Ben-Krouïa avait causé lui-même avec l'Émir,
» qui lui avait remis une feuille de papier sur la-
» quelle il avait apposé son cachet, et sur laquelle
» le vent, la pluie et la nuit l'avaient empêché de
» rien écrire. Il me demandait une lettre d'aman
» pour lui et ceux qui l'accompagnaient.

» Il m'était impossible d'écrire par la même rai-
» son qui s'était opposée à ce que l'Émir pût le
» faire, et, de plus, je n'avais point mon cachet.
» Ces hommes voulaient absolument quelque chose
» qui prouvât qu'ils m'avaient parlé. Je leur remis
» mon sabre et le cachet du commandant Bazaire,
» en leur donnant verbalement la promesse d'a-
» man la plus solennelle. Les deux envoyés de

» l'Émir me demandèrent de les faire accompagner
» par Ben-Krouïa, que je fis repartir avec quatre
» spahis.

» Tout cela se fit en marchant; car je voulais
» néanmoins arriver avant le jour au point de no-
» tre frontière le plus rapproché du col de Kerbans
» (celui dont j'ai parlé plus haut).

» Parvenu à ce point, vers cinq heures et demie,
» j'y restai jusqu'à onze heures et demie. Je ne re-
» cevais aucune réponse; mais j'étais bien con-
» vaincu que la présence de ma cavalerie avait fait
» renoncer l'Émir à traverser la plaine. A ce mo-
» ment j'ai dû prendre des dispositions différen-
» tes. Nos coureurs avaient rencontré et m'avaient
» amené plusieurs cavaliers qui erraient à l'avan-
» ture dans le pays, et peut-être dans le dessein
» de rejoindre Abd-el-Kader; ce qui me le ferait
» croire, c'est qu'il y avait parmi eux deux agas.
» Je sus par eux que la Deïra, qui m'avait envoyé
» demandé l'aman, mais qui ne l'avait pas encore
» reçu, était fort inquiète chez les M'Sirdas, qui
» avaient commencé à la troubler par des bri-
» gandages pendant la nuit précédente, et qui se
» disposaient à continuer.

» J'envoyai alors le colonel Montauban, avec
» cinq cents chevaux, bivouaquer près de la Deïra.
» Je fis partir le colonel Mac-Mahon, pour aller
» camper sur les puits de Sidi-Ben-Djenan, avec

» les zouaves et un bataillon du 9ᵉ de ligne; et,
» après être resté encore près de deux heures en
» observation, j'ai regagné mon camp avec le reste
» de mes troupes.

» La venue de tous les hommes avec lesquels j'ai
» causé ce soir, me montrait l'abandon dans lequel
» était l'Émir, et me portait à croire à l'embarras
» très réel dans lequel l'avaient mis nos quelques
» coups de fusil de cette nuit. J'avais commencé
» cette lettre sous cette impression, lorsque me sont
» revenus Ben-Krouïa et les deux émissaires d'Abd-
» el-Kader. Il me rapportait mon sabre et le cachet
» du commandant Bazaire, et, en outre, une lettre
» de l'Émir, qui est de l'écriture de Mustapha Ben-
» Thamy. Je vous adresse ci-joint copie de la tra-
» duction de cette lettre, ainsi que de la réponse
» que j'y ai faite.

» J'étais obligé de prendre des engagements; je
» les ai pris, et j'ai le ferme espoir que votre Al-
» tesse Royale et le gouvernement les ratifieront,
» si l'Émir se fie à ma parole.

» Les principaux compagnons d'infortune de l'É-
» mir sont aujourd'hui : Mustapha Ben-Thamy,
» khalifa de Mascara, son beau-frère; Abd-el-Ka-
» der Ben-Klika, caïd de Sandempt; Cadour Ben
» Allal, neveu de Sidi Embarrak. J'ai fait écrire
» aux deux premiers par leurs proches qui sont ici.
» Enfin, Si-Ahmedi-Sakal, caïd de Tlemcen, qui

» m'a beaucoup servi dans toutes ces affaires, a écrit
» à l'Émir pour l'engager à avoir confiance dans la
» parole que je lui ai donnée au nom du gouver-
» nement.

» Demain, ou après demain au plus tard, nous
» saurons à quoi nous en tenir.

» Veuillez excuser, Monseigneur, le décousu de
» cette dépêche. Je ne veux pas retarder son dé-
» part, et je vous l'envoie telle qu'elle est.

» Veuillez agréer, Monseigneur, l'assurance de
» mon respectueux dévouement.

> » *Le lieutenant-général, commandant la*
> » *province d'Oran,*
>
> » DE LA MORICIÈRE. »
>
> » Le 23, à neuf heures du matin.

» *P. S.* — Je monte à cheval à l'instant. Le temps
» me manque pour joindre ici les copies de la lettre
» que j'ai reçue de l'Émir et de celle que je lui ai
» répondue. Il me suffit de vous indiquer que j'ai
» uniquement promis et stipulé que l'Émir et sa fa-
» mille seraient transportés à Alexandrie ou à Saint-
» Jean-d'Acre. Ce sont les deux seuls lieux que
» j'aie indiqués. C'étaient ceux qu'il désignait dans
» sa demande que j'ai acceptée. »

Et si vous voulez maintenant bien apprécier ce
qui précède, et la position véritable d'Abd-el-Kader

au château d'Amboise, non moins que celle de la
France et de ses représentants, permettez-moi de continuer mes extraits du *Moniteur*; écoutez les hommes
éminents qui, en se succédant à la tribune des deux
Chambres, ont abordé résolument cette question, et,
avec eux, ce même général de La Moricière expli-
quant, commentant sa dépêche et l'engagement qu'il
a pris, signé le 23 décembre au matin.... assurément je n'aurai rien à y ajouter; ni vous, rien à
souhaiter de plus péremptoire.

Et d'abord, M. Guizot, président du conseil, ré-
pondant à M. Pelet de la Lozère et à M. de Boissy,
qui l'interpellaient vivement à ce sujet, dans la
séance du 17 janvier 1848, disait en termes ex-
près :

« Il y a deux grands intérêts à concilier ici : le
» premier, l'intérêt de l'État ; et, en même temps,
» il faut tenir grand et loyal compte des paroles di-
» tes, des promesses faites. J'ai la confiance que le
» gouvernement du roi conciliera ces deux inté-
» rêts, j'ai la confiance qu'il trouvera le moyen
» d'acquitter loyalement ses promesses. »

— » J'avais le projet, répond M. Mérillou, de
» demander au gouvernement quelles étaient ses in-
» tentions relativement à l'exécution de la promesse
» qu'on nous annonce avoir été faite par le prince
» gouverneur-général à Abd-el-Kader. Les expli-
» cations qui ont été données par M. le ministre des-

» affaires étrangères doivent complètement arrêter
» les détails sur ce point.

» C'est à la sagesse du gouvernement à vérifier
» d'abord quelles ont été les promesses réellement
» faites à Abd-el-Kader (1); c'est au gouvernement à
» déterminer la mesure dans laquelle on doit les
» exécuter. Toujours la France, dans sa conduite
» avec les nations étrangères, avec les armées qui
» étaient chargées de la combattre, a mérité la con-
» fiance de toutes les populations ennemies, par le
» respect le plus profond à la parole donnée.

» Si donc le gouvernement reconnaît que des pro-
» messes ont été faites, le gouvernement les rem-
» plira scrupuleusement; il n'y changera rien sans
» le consentement d'Abd-el-Kader; il sentira quel
» respect profond et scrupuleux est dû à un ennemi
» vaincu, lorsque cet ennemi avait déposé les ar-
» mes sur la foi d'une parole donnée. »

— M. le prince de la Moskowa, d'une voix profondément convaincue : « Je le déclare hautement,
» notre gouvernement ne peut hésiter à ratifier la
» convention conclue. Rappelons-nous, en effet,
» comment les choses se sont passées.

» Abd-el-Kader, après avoir échoué dans ses né-
» gociations auprès de l'Empereur de Maroc, et

(1) Certes, rien ne semble plus facile: car rien n'est plus
clair, ni plus net.

» après avoir appris l'arrestation de son khalifa
» (Bou-Hamédi), a senti qu'il ne devait plus cher-
» cher ailleurs que dans son courage le moyen de
» sortir d'affaire. C'est alors que, pour se mettre en
» sûreté, il a effectué ce beau passage de la Mou-
» louïa, qui restera comme une des plus brillantes
» pages de sa vie militaire.

» Il entraînait, on le sait, à sa suite, plus de six
» mille personnes, des chameaux, des chevaux,
» une immense quantité de bétail, un matériel con-
» sidérable.

» Le passage de la rivière ne s'est opéré qu'avec
» la plus grande difficulté. La petite troupe de l'É-
» mir était entourée de toute l'armée marocaine,
» et, il faut le dire à sa louange, en rendant justice
» aux derniers efforts de sa lutte désespérée, ce
» combat a été très glorieux pour lui ; ses réguliers
» se sont admirablement battus : ils se sont pres-
» que tous fait tuer ; mais la Deïra tout entière a
» traversé la Moulouïa, et pas un mouton n'est resté
» sur la rive opposée !

» Cependant l'Émir, surpris de voir garder le
» col par où, de sa personne, il veut gagner le sud,
» offre au général de La Moricière de se rendre. Ce-
» lui-ci accueille cette ouverture, et va à sa ren-
» contre. Il le trouve entouré de quatre-vingts ca-
» valiers tous couverts de sang et noircis de pou-
» dre. Nos soldats sont émus à la vue de ces braves

» guerriers. Ils déposent leurs fusils en signe de
» soumission : « Je vous les rends, dit La Mo-
» ricière, gardez-les pour servir la France; » et il
» les engage aussitôt dans notre maghzen. C'était
» un hommage éclatant et mérité, rendu par le chef
» français à la manière courageuse dont ces hom-
» mes avaient défendu leur cause jusqu'au bout.

» C'est alors qu'Abd-el-Kader proposa les con-
» ditions que vous savez, et que le général de La
» Moricière crut devoir les accepter.

» Maintenant, de deux choses l'une : ou vous
» considérez Abd-el-Kader comme un brigand,
» comme un pirate; ou vous voyez en lui un géné-
» ral ennemi vaincu. Dans le premier cas, faites-le
» pendre; dans le second cas, traitez-le suivant le
» droit des gens. »

-— M. le général Marbot : « Il a fait égorger
» trois cents de nos prisonniers. »

— M. le prince de la Moskowa : « Il y a dans
» l'histoire plus d'un exemple de capitulation gar-
» dée, et plus d'un, hélas! de capitulation violée.

» Or, qu'il me soit permis de rappeler au sou-
» venir de la Chambre un fait que j'emprunte à nos
» fastes militaires : il est regrettable, sans doute,
» puisque c'est d'un revers qu'il s'agit, mais, ce-
» pendant, il est glorieux aussi en raison des cir-
» constances : je veux parler de la capitulation de
» Cintra, obtenue du général Moor, en Portugal,

» par M. le duc d'Abrantès, et aux plus favorables
» conditions pour notre armée. Cette capitulation
» fut attaquée bien plus violemment en Angleterre,
» et y excita des murmures bien plus bruyants en-
» core que n'en saurait causer, à coup sûr, chez
» nous, la conduite qu'on suppose devoir être te-
» nue par notre gouvernement à l'égard de l'Émir :
» je parle des murmures de ceux qui regretteraient
» que sa décision tendît à consacrer les termes de
» la convention signée par le général de La Mori-
» cière.

» Le parlement d'Angleterre, tout comme l'opi-
» nion, s'était fortement élevé contre la ratification
» de la capitulation que je rappelle ; cependant,
» Messieurs, cette convention fut ratifiée. N'est-ce
» pas, toutefois, une chose beaucoup plus impor-
» tante pour la cause britannique de permettre que
» notre armée fût renvoyée en France avec armes
» et bagages, que pour nous de ratifier les conven-
» tions de Sidi-Brahim? En Angleterre, Messieurs,
» on a regretté une convention désavantageuse, mais
» on a respecté la parole du général qui l'avait
» conclue. (Approbation).

» Sans doute, on peut invoquer contre Abd-el-
» Kader, comme vient de le faire, en m'interrom-
» pant, M. le général Marbot, l'affreux massacre de
» nos prisonniers. Cependant, sans avoir aucun
» moyen, j'en conviendrai, pour le savoir, je pour-

» rais répondre que, suivant les khalifas d'Abd-el-
» Kader, ce n'est pas à l'Émir qu'on devrait per-
» sonnellement imputer ce fait odieux ; et si je dois
» déclarer ici toute ma pensée, j'ajouterai que tout
» ce que nous savons jusqu'ici du caractère d'Abd-
» el-Kader autorise cette supposition.

» Ce serait donc à son insu, et sans sa participa-
» tion, que ce déplorable massacre a eu lieu. D'un
» autre côté, je ne veux pas invoquer de tristes sou-
» venirs; mais, enfin, ne sommes-nous pas autori-
» sés à craindre que les Arabes, en commettant ce
» crime, n'aient cru exercer des représailles? (Mou-
» vement.)

» Je n'insisterai pas davantage sur ce sujet, que
» je m'empresse d'abandonner. Messieurs, pour
» traiter avec l'Émir, à quel point peut se placer
» le gouvernement? Du moment où Abd-el-Kader
» ne s'est pas rendu à discrétion, nous sommes te-
» nus de respecter à son égard les principes du
» droit des gens, sous peine d'encourir le blâme de
» l'histoire.

» Voulez-vous que notre gouvernement se con-
» duise comme le général espagnol qui signa la
» capitulation de Baylen? La manière dont cette ca-
» pitulation, de funeste mémoire, a été violée, res-
» tera dans l'histoire comme une tache pour l'hon-
» neur de celui qui s'est rendu coupable d'une aussi
» indigne violation. (Mouvement d'assentiment).

» Le sentiment de notre armée d'Afrique n'est
» pas douteux ; d'ailleurs, croyez-le bien, elle veut
» qu'on fasse honneur à l'engagement contracté par
» le brave général de La Moricière.

» Notre armée en Algérie, Messieurs, a pu juger
» de la manière dont Abd-el-Kader a su défendre
» la cause pour laquelle il a si énergiquement com-
» battu jusqu'à la fin, jusqu'au dernier moment ; et
« notre honneur militaire exclut la pensée de tout
» équivoque en ce qui touche l'interprétation de
» la convention conclue avec lui ; elle le repousse,
» non seulement à cause de la conduite valeureuse
» de l'Émir, mais aussi en raison des principes.

» Vous savez, Messieurs, qu'on accorde une ca-
» pitulation d'autant plus volontiers à un ennemi
» qui se rend, qu'il a su se montrer plus digne de
» l'estime du vainqueur par la manière dont il s'est
» défendu. Or, qui de nous peut contester qu'Abd-
» el-Kader ne se soit bravement battu pour sa pa-
» trie, pour sa foi religieuse, et qu'il n'ait bien
» mérité ainsi l'approbation de notre armée et de
» l'histoire ? (Assentiment).

» Laissons-nous diriger par ces sentiments hono-
» rables ; ne nous exagérons pas les dangers de la
» déportation de l'Émir dans un pays musulman.
» Pour moi, d'ailleurs, Messieurs, cette considéra-
» tion est secondaire ; il y a quelque chose qui doit
» être mis en première ligne : c'est la foi à la pa-

» role donnée. (Très-bien!) Or, il ne sera pas dit
» que, comme gage de sa parole militaire, le géné-
» ral français aura échangé son sabre contre celui
» d'Abd-el-Kader, et que la France aura désavoué
» cet engagement. (Très-bien! très-bien!) »

— Enfin, à la même tribune, et le même jour,
M. le général Fabvier s'écriait : « Messieurs, c'est
» avec peine que j'entends dans cette Chambre met-
» tre dans la balance, d'un côté, des dangers sup-
» posés, et fussent-ils réels... de l'autre, l'honneur
» de la France.

» Lorsque le gouvernement avait des gouver-
» neurs-généraux en Algérie, je suppose qu'il leur
» donnait des instructions. Lorsque M. le duc d'Au-
» male est parti, sans doute il a su ce que, dans
» un cas, sinon présumable, du moins possible, il
» devait faire vis-à-vis d'Abd-el-Kader.

» Si le gouvernement n'a pas donné des instruc-
» tions, il peut s'en repentir. Si M. le duc d'Au-
» male, gouverneur-général de l'Algérie, juge des
» circonstances dans lesquelles il se trouvait, a cru
» devoir prendre le parti qu'il a pris, c'est-à-dire
» accorder à Abd-el-Kader l'autorisation de se ren-
» dre dans les pays musulmans; si en cela il a dé-
» passé les instructions du gouvernement, le gou-
» vernement peut le punir (Réclamations); qu'il
» donne à l'armée des dangers nouveaux, mais point
» de honte.

» M. le président du conseil nous a dit qu'il sau-
» rait allier les intérêts et l'honneur de la France.
» Les intérêts de la France et son honneur seront
» parfaitement unis dans une ratification désormais
» indispensable ; car l'intérêt de la France ne peut
» être séparé de sa bonne renommée.

» Il n'y a ici ni ratification, ni négociation à
» faire : Abd-el-Kader est dans vos mains, il ne
» peut plus négocier.

» Messieurs, songez à ne pas toucher à l'honneur
» si précieux de la France; rappelez-vous le roi
» Jean, François Iᵉʳ, Henri IV, ces premiers gen-
» tilshommes de leur royaume. J'ajouterai un seul
» mot : Si vous touchez à l'honneur de la France,
» adieu la victoire ! »

A la tribune de la Chambre des députés, quelques jours plus tard, c'était le tour du général de
La Moricière lui-même. Écoutons-le nous donner
de plus en plus l'intelligence des évènements et de
l'acte du 23 décembre; certes, quel témoignage, à
cet égard, que le sien !

Un homme qui, suivant une magifique parole
qui retentit encore, porte son témoignage avec lui-
même toutes les fois qu'il parle, achèvera de justifier devant la France et devant l'histoire les réclamations sacrées de l'illustre captif.

— M. le général de La Moricière : « On a pris
» les expressions de nos rapports, et on les a com-
» mentées.

» L'Émir, nous dit-on, d'après vos rapports, ne
» pouvait passer que par tel col ; vous teniez ce col,
» vous pouviez donc prendre Abd-el-Kader.

» L'Émir était cerné par les Marocains, par vos
» colonnes ; vous n'aviez qu'un pas à faire, il ne
» pouvait s'échapper.

» Messieurs, les lettres que les officiers géné-
» raux s'écrivent sur les lieux et au moment de
» l'action sont concises ; ils ont hâte de les finir
» pour agir ; ils se comprennent, ils s'entendent à
» demi-mot, parce qu'ils ont la connaissance d'une
» foule de détails auxquels la plupart d'entre vous
» sont étrangers.

» Permettez-moi donc de revenir sur les faits,
» et de vous exposer nettement quelles sont les
» chances que j'avais dans la nuit du 21 au 22 dé-
» cembre, quelles sont les chances qu'avait l'Émir :
» car c'est de l'appréciation de ces chances respec-
» tives que peut résulter une opinion raisonnable
» sur les conventions qui ont été faites. (C'est cela !
» Très-bien !)

» Battu au passage de la Moulouïa, l'Émir, suivi
» de sa Deïra, passe notre frontière ; il sait qu'une
» partie de sa Deïra ne le suivra pas dans le voyage
» qu'il va entreprendre, mais il n'ignore point que
» les principaux chefs, les plus riches et les plus
» fidèles de ses serviteurs, et les débris de sa cava-
» lerie régulière, s'associeront à sa fortune.

» Il est en tête de cette émigration; seul, il la
» conduit dans les sentiers des montagnes des
» M'Sirdas. L'obscurité de la nuit, la pluie torren-
» tielle rend cette marche encore plus difficile; il
» demande le chemin à des cavaliers qui sont éche-
» lonnés le long de la frontière; ces cavaliers me
» préviennent; j'apprends les mouvements de l'É-
» mir. Je sais qu'il a le projet de se réfugier au
» désert. Son frère qui s'est rendu la veille à mon
» camp, m'en a informé, le bruit public l'affirme,
» l'Empereur l'y a autorisé dans son *ultimatum*.

» Le commandant d'Ouchda, avec lequel je suis
» en relations, m'écrit qu'il traversera les monta-
» gnes des *Beni-Snassen*, et on voit sur une carte,
» que j'ai envoyée à M. le Ministre de la guerre, la
» position des tribus échelonnées sur sa route, qui
» faciliteront son passage.

» Vous vous étonnerez peut-être que les tribus
» de la frontière facilitassent à l'Émir les moyens
» de se rendre au désert. Mais remarquez que ces
» tribus, ainsi que leurs chefs, avaient le plus
» grand intérêt à perpétuer l'état de troubles dans
» lequel elles vivaient depuis qu'Abd-el-Kader était
» au milieu d'elles. D'une part, elles ne payaient
» point d'impôt; de l'autre, l'Émir et l'Empereur
» faisaient à leurs chefs de fréquents et importants
» cadeaux pour se ménager leur amitié.

» Ces tribus, donc, favorisaient le passage de

» l'Émir. Ici, devais-je marcher, avec toute ma co-
» lonne, pour me porter sur le col par lequel il était
» probable que passerait Abd-el-Kader?

» En face de mon camp, le long de la frontière,
» les douars des populations marocaines s'éten-
» daient d'une manière continue. Si je faisais un
» mouvement, Abd-el-Kader en était prévenu. Les
» cols, dans les montagnes, ne sont pas comme les
» ponts sur les grandes rivières. On dit que l'on ne
» peut passer que par un col; cela signifie qu'Abd-
» el-Kader, embarrassé de son convoi, c'est-à-dire
» de nombreuses bêtes de sommes chargées de mille
» objets qu'une population qui campe toujours
» mène à sa suite, marchant la nuit, devait pren-
» dre un col qui lui était connu, un chemin facile.

» Mais il faut, dans les montagnes (c'est un prin-
» cipe posé par tous les écrivains), se défier des pas-
» sages réputés impraticables. Ils ne pouvaient
» passer que par ce chemin avec son convoi; mais
» il pouvait passer partout ailleurs avec sa cavale-
» rie. Les Marocains étaient à cinq lieues au nord;
» j'étais à deux lieues au sud. Savez-vous ce qui
» était cerné, compromis? C'était son convoi: mais
» ses cavaliers et lui pouvaient passer comme ils
» voulaient.

» Au lieu de faire un mouvement avec ma co-
» lonne, de donner l'éveil aux populations voisi-
» nes, et par suite à l'ennemi, j'envoyai quelques

» cavaliers, comme dit mon rapport, déguisés avec
» des vêtements d'Arabes de la frontière; ils arri-
» vent au col sans être aperçus; lorsque l'heure
» fut venue où je n'avais plus la crainte de donner,
» en temps utile, l'éveil à Abd-el-Kader, à deux
» heures du matin, je partis.

» J'avais à peine fait une lieue que je fus pré-
» venu que mes coureurs étaient engagés, j'arrivai
» en toute hâte : on avait parlementé... Vous savez
» le reste.

» Il fallait continuer, a-t-on dit, au lieu de par-
» lementer. Savez-vous ce que j'aurais pris, si ja-
» vais continué? J'aurais pris le convoi; j'aurais
» fait une razzia de plus; je vous aurais rendu
» compte que j'aurais pris la tente d'Abd-el-Kader,
» son tapis, une de ses femmes, peut-être un de ses
» khalifas (On rit); mais lui, avec ses cavaliers, il
» serait parti pour le désert.

» Mais il y avait encore une autre considération
» qui me rendait ce parti grave. J'étais sur le ter-
» ritoire du Maroc; l'armée marocaine était à six
» lieues; nous étions, sans doute, en très bonnes
» relations avec les Marocains, mais enfin, il y
» avait des gens très fanatiques dans l'armée ma-
» rocaine; une collision pouvait survenir. Je n'ai
» pas besoin d'expliquer les embarras qui pou-
» vaient en être la suite. (Très-bien! très-bien!)
» Ici, vient une autre objection : Abd-el-Kader

7

» ne pouvait donc s'échapper qu'avec quelques ca-
» valiers; il serait arrivé presque seul au désert.
» N'ayant plus sa Deïra, vous n'aviez rien à crain-
» dre, et il valait mieux qu'il fût là qu'à Alexan-
» drie.

» Je répondrai d'abord que, s'il est mieux dans
» le désert qu'à Alexandrie, il est toujours temps
» de l'y envoyer; il ne demandera pas mieux. (On
» rit sur tous les bancs).

» Mais Abd-el-Kader seul, dépouillé, abandonné
» de son monde, n'ayant avec lui que quelques ca-
» valiers dévoués, nous l'avons déjà vu dans le dé-
» sert, et tout le monde sait ce qu'il y a fait.

» Il y a encore des personnes qui admettent les
» explications que je viens de donner, mais qui, avec
» un pessimisme incroyable, disent : C'est égal,
» c'est fâcheux qu'on n'ait pas pris Abd-el-Kader.

» Eh bien! si on l'avait pris, le fait matériel se-
» rait plus net, plus simple, plus grand si vous le
» voulez; mais permettez-moi de le dire, l'effet
» moral serait moindre, etc. »

— M. de Larochejacquelein : « Beaucoup de per-
» sonnes ont été frappées de la différence qu'il y a
» entre les engagements pris par le gouverneur
» général de l'Algérie, M⁰ le duc d'Aumale, et la
» conduite que le gouvernement tient aujourd'hui.

» Abd-el-Kader s'est rendu à la France, et cer-
» tes c'est un des évènements les plus importants

» qui pussent arriver, comme vient de le dire M. le
» général de La Moricière, lorsqu'il s'est rendu et
» n'a pas été pris.

» Un engagement d'honneur a été pris par l'ho-
» norable général de La Moricière ; cet engagement
» a été ratifié par S. A. R. M⁵ le duc d'Aumale.

» Eh bien! Messieurs, lorsque cet engagement
» d'honneur a été pris par M. le général de La Mo-
» ricière et par M⁵ le duc d'Aumale, comment se
» fait-il que le gouvernement maintenant retienne
» prisonnier Abd-el-Kader, qu'il le mette dans un
» fort, et nous laisse dans cette incertitude de voir
» si la parole de la France sera sacrée ou si elle
» ne le sera pas (ƒ) ?

» Pour moi, je suis convaincu qu'il n'y a qu'à
» gagner à ce que la parole une fois donnée soit
» maintenue.

» Il peut y avoir des raisons d'État, que nous ne
» connaissons pas, qui fassent hésiter ; mais j'aime-
» rais mieux que la parole donnée fût déjà tenue.

» Enfin, s'il y a des raisons d'État qui doivent
» vous arrêter, et qui ne m'arrêteraient pas, moi,
» au moins convient-il que nous le sachions. » (Approbation).

En fait d'honneur et de patriotisme, pourriez-
vous désirer un meilleur juge?

M. Guizot remonte à la tribune, et conclut par
une promesse formelle, identiquement semblable à

celle que nous rapportions au commencement de ces
extraits ; et, sans nul doute, selon nous, il y a déjà
longtemps qu'elle serait accomplie, sans les évènements du 24 février 1848 et leurs suites.

Certes, je crois qu'il n'est pas possible de chérir
l'Algérie plus que je ne le fais et ne le ferai tant
que je vivrai... Eh bien! loin de trouver, comme
plusieurs me paraissent le craindre, un obstacle
sérieux à la prospérité, au développement de la colonie de la France dans la mesure qui me semble
devoir résulter nécessairement de ce qui précède,
j'oserais bien aller jusqu'à me persuader que ce serait, au contraire, un moyen de plus d'en seconder,
d'en hâter les heureux progrès.

Je redouterais, en effet, pour l'Algérie, une pro-
longation indéfinie de la captivité d'Abd-el-Kader,
à cause de l'irritation profonde qui en serait la conséquence chez les Arabes, et surtout à cause de la
défiance qu'elle leur inspirerait de notre loyauté,
de nos propres promesses dans l'avenir.

En réalité, sur l'honneur, peut-on garder toujours le malheureux Émir sous les verroux? Non.

Calcule-t-on bien, cependant, ce qu'il pourrait
à la fin s'amasser de haine, de vengeance, dans cette
âme si profondément impressionnable et si cruellement ulcérée, dans le cœur de ses fils, grandissant
à ses côtés au fond du vieux donjon?

Pour moi, convaincu comme je le suis, qu'il gar-

derait la foi solennellement jurée, ce dont je répète
volontiers ici que je me rendrais garant sans balancer, (je ne peux certes porter plus loin la conviction), quelque délicates que ces choses pussent
être d'ailleurs à traiter, m'était-il possible de ne
pas les rendre publiques au nom de l'honneur national, au nom de l'humanité, au nom du caractère dont je suis revêtu, au nom enfin d'un pays
que je dois bien connaître, et pour lequel je don-
nerais ma vie avec transport?

Ah! qui m'eût dit qu'après avoir, de concert avec
Abd-el-Kader, rendu autrefois la liberté à un grand
nombre de mes frères, un jour je contribuerais peut-
être à la lui faire rendre à lui-même?

Et, maintenant, qui pourrait prévoir tous les résultats d'une pareille disposition de la Providence
pour la mission de ceux qui m'ont succédé en Algérie?

Excusez-moi, aidez-moi, vous qui le pouvez. Je
ne sais ni mieux sentir, ni moins mal dire.

DERNIER CHAPITRE.

Esquisse du portrait d'Abd-el-Kader.

—

Je trouve, dans une relation écrite sous la dictée d'un homme qui a passé deux années de sa vie dans le camp de l'Émir, le portrait suivant d'Abd-el-Kader, au physique et au moral; j'essaierai de le compléter, persuadé que je ne saurais mieux faire à cause de son exactitude remarquable. C'était en 1845.

« Abd-el-Kader a trente-sept ans; sa physiono-
» mie se distingue par un air de douceur mélan-
» colique, et le sentiment qui y domine est d'une
» nature toute religieuse. Sa figure a quelque chose
» d'ascétique, qui rappelle les têtes des moines du
» moyen âge, de ces moines guerriers, plus amis
» du tumulte des camps que de la tranquillité des
» cloîtres. Le costume arabe, peu éloigné, dans sa
» forme et dans son ensemble, du vêtement des
» moines, rend cette ressemblance encore plus frap-
» pante. Abd-el-Kader a le front large, la figure

» ovale, petite et fort pâle ; ses yeux sont doux et
» fort beaux : il les tient le plus souvent baissés ;
» mais souvent aussi leur mobilité expressive con-
» traste avec l'immobilité habituelle de sa physio-
» nomie. Sa barbe est noire et peu fournie. Il porte
» sur le front une petite marque de tatouage, entre
» les yeux, à la manière des Hachem. Ce tatouage,
» en forme de losange, est bleu clair, et peu vi-
» sible.

» Abd-el-Kader est petit de taille, mais bien pro-
» portionné; ses épaules sont un peu voûtées, et il
» a le défaut, commun aux Arabes de médiocre
» stature, de porter sa tête trop en avant, par la
» nécessité de résister à l'action des burnous, dont
» les lourds capuchons, pendants sur le dos, ten-
» dent à la rejeter en arrière. Son haïk est retenu,
» suivant l'usage, au sommet de la tête, par une
» corde en poil de chameau. Ses mains, qui sont fi-
» nes et blanches, tiennent presque toujours un
» chapelet, dont il se sert, comme tous les Musul-
» mans, pour réciter ses prières.

» L'élocution d'Abd-el-Kader est vive et facile,
» sa voix assez caverneuse et monotone, son débit
» extrêmement saccadé. Il emploie une locution
» très usitée parmi les Arabes : *In ch'Alla, s'il plaît*
» *à Dieu.* Du reste, sa piété est sincère et ardente.
» Il est sobre dans ses goûts, austère dans ses mœurs,
» et simple dans ses vêtements. Il est aimé et res-

» pecté de ses soldats, dont il partage toutes les fa-
» tigues, et à qui il donne l'exemple de toutes les
» vertus guerrières ; sa bravoure est incontes-
» tée, etc. »

Et ailleurs : « La *volonté* forme évidemment le
» fond du caractère d'Abd-el-Kader. La lutte qu'il
» soutient, depuis quinze ans, contre la France, lui
» a permis de manifester, au plus haut degré, l'é-
» *nergie* dans l'action, la *constance* dans les efforts,
» la *fermeté* dans les revers, qui distinguent les
» hommes prédestinés au commandement.

» C'est un spectacle qui élève l'âme et contriste
» le cœur, que cette résistance d'un jeune *barbare*,
» qui, sans autres ressources que son génie, s'ef-
» force de repousser, sans se décourager jamais, la
» domination étrangère et les armées disciplinées
» d'une grande nation. Supposez, pour un moment,
» qu'au lieu de commander à des barbares, Abd-el-
» Kader, né au milieu de la civilisation européenne,
» eût été appelé à diriger vers la guerre le génie
» particulier et le courage intelligent d'un grand
» peuple.... Qui pourrait dire où se serait arrêté
» l'essor de cet esprit si puissant et si infatigable?
» Quelle autorité n'aurait-il point exercée? quelle
» impulsion n'aurait-il pas donnée?

» Disons-le, cependant, rien n'indique que le
» jeune chef aurait eu le goût effréné des conquê-
» tes, qui entraîne d'ordinaire les grands capitai-

» nes. Tout, au contraire, semble révéler en lui
» l'esprit créateur et organisateur. Voyez avec
» quelle promptitude il a su s'approprier les arts
» utiles, la science et l'industrie de son ennemi. Au
» milieu des préoccupations de la guerre, il a fondé
» des villes, créé tout un système de gouvernement,
» établi des lois, discipliné tout un peuple, ramené
» à l'unité des peuplades éparses, divisées d'intérêt,
» et souvent ennemies. Il a jeté les fondements d'un
» empire, tout en livrant des batailles, et semé,
» pour ainsi dire, en courant, les germes d'une
» nationalité nouvelle sur un sol labouré par les
» boulets de la civilisation !

» Organisateur et guerrier, ces deux mots, qui
» résument tout le génie de Napoléon et de tous les
» grands chefs de peuples, s'appliquent avec non
» moins de justesse, toutes proportions gardées, au
» nom du jeune et brillant Sultan des Arabes.
» Changez les circonstances, agrandissez le théâtre,
» et vous aurez des résultats non moins admira-
» bles.

» Au surplus, ces deux grandes qualités qui for-
» ment, pour ainsi dire, le caractère extérieur des
» fondateurs ou des maîtres des peuples, ne sont
» pas les seuls traits de ressemblance qui existent
» entre l'immortel capitaine et Abd-el-Kader.

» A l'exemple de Napoléon, Abd-el-Kader est
» *religieux, tempérant, simple* dans ses vêtements,

» *actif, courageux* et toujours *maître de lui-même.*
» Sincère, esclave de sa parole, la perfidie et le
» mensonge ont seuls le pouvoir d'exciter sa colère.
  » Comme Napoléon, il est dévoué à sa famille;
» il exerce une sorte de fascination sur tous ceux
» qui l'approchent. Sa *continence*, prodigieuse chez
» les mahométans, serait encore digne d'éloges dans
» plus d'un prince chrétien; enfin, pour dernier
» trait de ressemblance, Abd-el-Kader témoigne
» pour sa mère une *tendresse* et une *vénération* pres-
» que religieuses (1). »

De la plupart de ces détails, j'ai entre les mains
une foule d'irrécusables témoignages; et, si j'ose
compléter ce portrait non flatté, je ne suis embarrassé que d'une crainte, celle de paraître *fasciné*
moi-même au point de ne pouvoir plus sainement
juger de ce que j'ai pourtant vu et entendu, et
comme touché de mes mains, il y a quelques semaines à peine.

Cependant, je reprends brièvement et achève. Sa
fermeté, son énergie, sa constance, son habileté politique, sa bravoure, son activité, son patriotisme,
il en a donné trop d'éclatants témoignages pour
avoir besoin de m'y arrêter.

(1) Mais qui donc ne se rappellerait ici la mémoire d'une
autre mère; qui, à ce touchant souvenir, ne tournerait avec
confiance ses regards et son cœur vers son noble fils en qui se
résument, en ce moment même, tant d'autres espérances?

Mais, venez, entrez avec moi sous ces longues voûtes, pénétrons jusque dans son intérieur le plus intime, asseyons-nous à son foyer, à sa table, conversons avec ceux qui partagent sa vie.

N'êtes-vous pas frappé, dès l'abord, de cette noble et antique simplicité?

Ces vêtements si peu recherchés, mais d'une exquise propreté, ne diffèrent en rien de ceux qu'il ne cessa de porter, même au temps de sa plus haute fortune. Un jour, l'un de ses frères s'étant présenté devant lui avec le burnous aux glands d'or des chefs arabes, Abd-el-Kader, sans lui dire une seule parole, prit son yatagan et en coupa successivement chacun des brillants ornements. Mais, voyez plutôt celui de ces manteaux du désert qu'il jeta sur mes épaules au moment de notre séparation sur l'Océan : n'en avait-il pas retranché même les humbles glands de soie qui le décoraient?

Demandez à ses serviteurs de quels aliments il se nourrit; acceptez sa gracieuse invitation, ce repas d'ami auquel, suivant son expression, l'affection avec laquelle il vous l'offre donnera nécessairement quelque saveur, et vous serez étonné qu'à pareil régime sa santé se puisse soutenir.

« Au camp et durant la guerre, disait un de ceux » qui l'ont le plus accompagné, au douar même, » ses repas étaient d'une frugalité exemplaire même » chez les Arabes, dont la frugalité est proverbiale.

» Le matin, Abd-el-Kader prenait une tasse de café
» à l'eau. Son premier repas avait lieu à midi, et
» consistait en galette de farine de blé, en beurre
» et en fruits secs, dattes ou raisins. Le second re-
» pas avait lieu vers huit heures du soir, un peu
» avant la cinquième et dernière prière du jour ; il
» se composait d'un seul plat, du mets national, le
» couscoussou. Lorsqu'il invitait quelqu'un à sa
» table, elle n'en était ni plus abondante ni plus
» recherchée. Si quelqu'un de ses khalifas lui en-
» voyait, selon la coutume arabe, un mets plus ex-
» quis, l'Émir se contentait d'y goûter pour ne
» point offenser celui qui le lui avait envoyé ; mais
» il se hâtait de le faire passer aux assistants. Sou-
» vent, après une marche forcée dans le désert, on
» l'a vu se contenter, pour la nourriture de tout
» un jour, d'une poignée de grains de blé. »

Sa conversation est pleine de gravité, de finesse,
d'à-propos, de grâce et de douceur ; c'est bien le mi-
roir de son âme, et le vase épanché dont les parfums
embaument longtemps après ; et, mieux que personne, il mérite qu'on lui applique ces gracieuses
paroles sorties de sa bouche à la fin d'un de nos derniers entretiens.

Il possède une instruction remarquable, mais
surtout un tact parfait.... « Je suis désolé du froid
» de notre beau pays », lui disait, lors de sa première visite, l'hospitalier prélat que Tours se glori-

fie justement d'avoir pour premier pasteur, en le plaignant de ce qu'il aurait à en souffrir. — « Il est » vrai, lui répondit l'Émir, que le climat semble » bien froid ; mais votre accueil est si chaud, que » j'en oublie volontiers la rigueur. »

« J'avais, et tous les miens avec moi, votre » image chérie empreinte au fond du cœur : elle n' » s'en effacera jamais ; cependant nous avons été ra- » vis de pouvoir l'avoir sans cesse sous nos yeux », me disait-il au château d'Amboise, en me mon- trant certain portrait que j'avais été fort étonné d'y trouver.

» Vous allez donc me quitter? Comme les jours » se sont vite enfuis pour moi !... Mais vous revien- » drez? Ah! revenez bientôt, car, sachez-le bien, » mon cœur n'est pas rassasié. Chaque jour, mon » oreille était aux aguets pour entendre d'avance » le bruit ami de vos pas vers mon humble de- » meure. »

Et, après m'en avoir demandé la mystérieuse si- gnification : « La pierre de votre anneau m'avait » frappé par son éclat; mais j'avais aussitôt com- » pris qu'elle ne pouvait pas être d'une bien grande » valeur; car, un homme religieux, comme vous » devez l'être, ne porterait certainement pas à son » doigt le prix du pain de tant de pauvres. »

Mais ce qui m'a peut-être donné la plus complète idée de ce tact, de cette finesse d'esprit et de ce ju-

gement de l'Émir, c'est la réception, si remarquable d'ailleurs, qui lui fut faite à Bordeaux, au mois
de novembre, et la longue présentation qui lui per-
mit, le lendemain, d'accueillir, à son tour, toute
sorte de personnes empressées de lui offrir les hommages de leur sympathie. Pendant plus de six heures de suite, il ne cessa de dire à chacun quelques
paroles caractéristiques; et je ne sache pas, en vérité, qu'on en ait eu une seule à lui reprocher
comme peu convenable ou inutile. N'oubliez pas
que c'était la première fois qu'il recevait de la sorte.
Au surplus, avant d'en recueillir ici quelques-unes
des plus diverses, je dois déclarer que je n'en entendis jamais citer qui ne fussent dignes de leur
être ajoutées.

« Je serai bien reçu à Bordeaux, me disait-il en
» y arrivant, car c'est votre pays. »

M. de Sèze, représentant du peuple, lui parle
du général de La Moricière, de ce qu'il lui a entendu dire, peu de jours auparavant, à son sujet;
il lui propose de se charger de plaider sa cause
auprès de lui, et d'être, au besoin, son avocat à
Paris. — « Je vous remercie, lui repart Abd-el-
» Kader, et j'accepte; pour le talent, je ne saurais
» d'ailleurs mieux choisir, et pour le cœur, n'êtes-
» vous pas l'ami de celui qui vous accompagne? »

Et comme l'illustre avocat insistait, en lui racontant avec quelle chaleur le noble guerrier s'ex-

primait sur son compte : — « Je crois vraiment,
» ajoute-il, qu'il y a un foyer d'affection pour
» moi dans son cœur; toutefois que cela ne vous
» empêche pas d'y mettre du bois de temps en
» temps. »

Un instant après, c'est le colonel, à la tête de
son état-major. — « Merci, mon colonel ; je suis
» on ne peut plus touché de votre visite et de celle
» de vos braves. Vous m'avez vaillamment com-
» battu en Afrique, et vous m'avez vaincu : j'adore
» les desseins de Dieu.... Mais votre démarche me
» prouve que vous croyez qu'à mon tour j'ai com-
» battu comme je le devais : vous êtes d'excellents
» juges et je vous remercie de nouveau. Après tout,
» et sans prétendre faire allusion à aucun d'entre
» vous, je dois avoir dans l'armée française plus
» d'un officier qui me garde quelque reconnais-
» sance; car, sans moi, plus d'un colonel, serait
» peut-être encore capitaine, et plus d'un général
» colonel. » Et tous souriaient avec lui.

« Je comprends à merveille (il parle à deux évê-
» ques) pourquoi vous n'avez pu m'accompagner,
» hier soir, au théâtre. C'était fort beau comme
» coup-d'œil ; mais, à la vue de ce mélange d'hom-
» mes et de femmes parés, de certaines de ces pa-
» rures et de ces danses, j'ai bien vite senti qu'un
» homme de prières y était, ou du moins y eût été
» déplacé. »

« Je ne m'irrite pas (il parle à un homme politi-
» que) des douloureux retards apportés à l'exécu-
» tion de la convention conclue entre le général de
» La Moricière et moi. Je sais bien que, dans la po-
» sition où est la France, il y aurait de ma part
» indiscrétion et inopportunité de trop insister en
» ce moment : je demande seulement à ne pas être
» trop longtemps oublié. »

Et à un autre : « Ce serait un grand malheur
» pour l'Algérie, si, aujourd'hui, l'armée française
» l'évacuait : demain, chaque tente se jetterait sur
» sa voisine et sur sa sœur. »

Un magnifique bouquet lui était offert pour sa
mère par plusieurs mains amies : « En le voyant,
» en respirant les parfums de tant de fleurs char-
» mantes, il me semblait voir comme un symbole
» des qualités de vos cœurs, et en goûter la suave
» odeur. »

A un ecclésiastique et à un militaire : « J'aime
» par-dessus tout la visite d'hommes comme vous,
» parce que je suis bien sûr que ce sont des âmes
» dévouées et de généreux cœurs, etc. »

Faut-il parler de ses miséricordieux penchants
déjà connus par sa manière de traiter ses prisonniers, j'allais dire de son humilité, de sa charité?
Mais vous n'avez pas oublié ce que m'en écrivait
le colonel Daumas. Plusieurs fois je lui entendis ré-
péter : « Qu'on se plaisait à relever le peu de bon-

» nes qualités qu'il tenait de la faveur du ciel, et
» qu'il regrettait alors davantage qu'un ami véri-
» table ne lui parlât point de ses défauts bien plus
» nombreux. » Jamais vous ne l'entendriez, au surplus, vous entretenir de lui-même, et dans la mo-
destie de sa conversation, vous ne soupçonneriez
point assurément cet héroïque caractère.

En quittant Bordeaux, l'un de ses regrets les plus
vifs était de ne pouvoir rien laisser aux pauvres en
souvenir de son passage et de l'émouvante hospita-
lité bordelaise; mais, pauvre lui-même, il ne pouvait que compatir de cœur à leurs souffrances.

» Vous ne pouvez point, par votre état, avoir de
» famille, me disait-il; mais je sens que par l'affec-
» tion que vous portez à ceux qui vous implorent,
» et par leur tendre et filial retour, vous devez
» trouver dans vos célestes rapports avec eux comme
» une divine compensation. »

Quant à sa chasteté, elle étonne et confond par
moments dans un disciple du Prophète ; son franc
amour de la vérité ne surprend pas moins dans un
Arabe.

Mais ses vertus domestiques, son esprit de justice, de bonté, de tolérance religieuse même, le
soin qu'il prend de l'éducation de ses enfants, auxquels il consacre tous les instants qu'ils ne donne
pas à la prière et à l'étude, le cèdent encore à sa
piété filiale si profonde, si respectueuse, si tendre,

8

si empressée, et dont il est impossible de ne pas être attendri jusqu'aux larmes, lorsque l'occasion d'en être témoin ou de lui en entendre parler se présente dans cette douce intimité de vie.

Ah ! si vous demeuriez plus longtemps dans le vieux manoir, dans ses solitaires jardins, vous vous croiriez plutôt au sein d'une seule famille, dans quelque monastère, que parmi de sauvages Africains, et au milieu des infortunés débris de la Deïra d'Abd-el-Kader.

Il est généreux, reconnaissant, facile à pardonner, d'une piété sans affectation, beaucoup plus rapprochée de la vérité qu'aucuns ne soupçonnent peut-être.

Mais, c'est plus qu'assez ; si je savais maintenant ses défauts vrais, non ceux qui lui furent faussement imputés à une autre époque, et auxquels nul ne croit désormais sérieusement parmi les hommes distingués qui l'entourent, je les mêlerais à ces récits.

Je les termine ici, trop tôt néanmoins à mon gré, parce que je ne saurais vraiment quelles couleurs différentes leur donner, à moins que je ne revinsse avec vous sur les premières années de son élévation au commandement suprême, sur certaines aventures de sa jeunesse, racontées par plus d'un romancier.... Mais je n'ai pas assez de confiance en de romanesques narrateurs, trouvés trop souvent en défaut sur des détails fort connus, et ce n'est pas à leur façon que j'ai prétendu vous intéresser et vous plaire.

J'aime mieux ajouter que sa mère vénérée et sa femme chérie, celle que tous appellent encore la Sultane, méritent jusqu'à cette pieuse exagération les touchants témoignages qu'il leur prodigue: et plus d'une noble dame, qui les ont beaucoup vues et connues au château d'Henri IV, veulent que je vous dise, de leur part, que *Lella Zohrah* et *Lella Khira* sont bien comme femmes ce qu'Abd-el-Kader est lui-même comme homme; je regrette de n'avoir pas la permission de joindre leurs gracieuses lettres à ces trop imparfaites esquisses.

J'ai cité, au commencement de ce dernier chapitre, un singulier parallèle. Pour le compléter, je devrais dire que, comme autrefois Napoléon, l'Émir Abd-el-Kader est aujourd'hui captif.

Mais quel est celui qui, après m'avoir lu attentivement, ne s'écrierait avec moi, surtout en se rappelant ma dédicace : « Oui, sans doute, Abd-el-» Kader est aujourd'hui prisonnier, comme autrefois » l'immortel guerrier; mais il ne le sera pas tou-» jours, il ne le sera pas longtemps, car ce n'est » pas de l'Angleterre qu'il est captif, et son sort est » désormais entre les mains de Louis-Napoléon. »

NOTES IMPORTANTES.

(*a*) Je ne me suis peut-être pas suffisamment expliqué ; j'aurais dû dire seulement que, de la confrontation attentive et consciencieuse de tous les documents que j'ai consultés, et certes le nombre n'en est pas peu considérable, il est résulté pour moi la conviction que la trève dont il s'agit n'était évidemment pas destinée à durer longtemps, et que les instructions données à nos généraux tendaient toutes à en amener peu à peu la désirable rupture, à profiter de toutes les occasions favorables de l'interpréter à l'avantage de la France, afin d'en réparer l'inopportune conclusion.

De son côté, l'Émir était impatient, il en faut convenir, d'étendre son autorité sur le plus grand nombre possible de ses compatriotes et de ses coreligionnaires ; à la rigueur, on pourrait même lui reprocher de ne pas assez respecter certaines clauses de l'équivoque convention qu'il entendait, lui aussi, à sa manière.

Mais, à proprement parler, je croirais que ce ne fut pas Abd-el-Kader qui prit le premier ouvertement les armes ; je n'accuserais volontiers aucun des deux partis en présence : ce fut plutôt, ce me semble, la conséquence forcée de la situation faite à tous par la trève elle-même ; et, vraiment, ce ne serait pas cette circonstance qui [me ferait regarder l'Émir comme un coupable infracteur de la parole donnée, *surtout en consultant les stipulations secrètes du traité*.

(*b*) Il paraîtrait que certaines clauses nouvelles avaient été peu auparavant stipulées avec Miloud Ben-Arrach à

Alger même; or, plus encore que pour le traité du général Des Michels, les gouverneurs français devaient prépo-
parer et amener peu à peu, loyalement cependant, cet
important résultat politique, le traité de la Tafna n'étant
guère considéré que comme provisoire, et dans le but de
favoriser la conquête de Constantine, en pacifiant la province d'Oran.

L'Émir s'était réservé, à ce qu'il paraît, l'examen et la
ratification de tout ce que pourrait faire Miloud Ben-Arrach, improvisé en ambassadeur extraordinaire et en diplomate; mais, à cause du siége lointain d'Aïn-Maddhy,
en grande partie, ou par tout autre motif, il est certain
qu'il n'avait pas encore confirmé et ratifié ces clauses dé-
sagréables et fort embarrassantes pour lui.

Cependant, le vieux maréchal, pour en finir et dessi-
ner plus nettement sa position, tenta sa fameuse expédi-
tion des Portes-de-Fer; c'était bien ne pas tenir tout-à-
fait compte du traité primitif, et regarder par le fait, comme
ratifiées, celles de ces nouvelles stipulations qui pourtant
ne l'étaient réellement pas encore.

Abd-el-Kader le comprit, demanda des explications, n'en
reçut que d'assez dures et fières, insista, fut débordé par
ses khalifas irrités, et, sur la menace à lui faite de la part du
gouverneur-général, de recommencer quand il plairait à
celui-ci, menace regardée par l'Émir, et par eux, comme
l'égale de la violation du traité ou d'une déclaration de
guerre, ces déplorables hostilités éclatèrent.

Il affirme avoir loyalement averti que, puisqu'il y était
contraint, il allait agir, et que, désormais, il ne se croirait
pas plus engagé vis-à-vis de nous, que nous ne prétendions
l'être vis-à-vis de lui; mais était-ce positivement de sa
part manquer à la foi jurée ?

Sur tout ceci, et, principalement, à l'égard d'Abd-el-
Kader, on a, dans le temps, ou depuis, assuré une multitude de choses, acceptées de tous comme autant de vé-

rités, et qui peu à peu sont mieux comprises, s'éclaircissent chaque jour, et finiront certainement par laisser apercevoir, dans tout son remarquable ensemble, le caractère de l'Émir et ce qu'il fut toujours en réalité, malgré les quelques ombres dont il n'est peut-être pas une existence sur terre qui ne soit parfois obscurcie.

(c) « A quatre lieues environ de Saïda, aux pieds d'une » colline à pente douce, vous apercevez Cachereau. Ces » deux petites constructions blanches, arrondies en dôme, » placées à une centaine de pas l'une de l'autre, et qui » semblent glisser sur la croupe inclinée de la montagne, » sont les tombeaux des deux marabouts des Hachem. C'est » un lieu de pélérinage et de dévotion pour tous les habi- « tants de la plaine d'Égris.

» Celui qui leur avait succédé n'était autre que le père » d'Abd-el-Kader; car c'est non loin des fontaines et des » ombrages de Cachereau qu'est né ce personnage fameux, » etc. » (*Extrait d'une sorte de journal de séjour en Al-gérie*).

(d) « La civilisation a vaincu peu à peu celui que la force » des armes n'a pu encore soumettre. » (Ceci est écrit en 1811, par un témoin oculaire déjà plusieurs fois cité). » Sans s'en apercevoir et comme malgré lui-même, il a » pris, chaque jour, quelque chose des mœurs de ses en- » nemis. Son caractère est adouci par le contact. Doué des » plus nobles instincts et d'une générosité naturelle, il a » compris que l'humanité aussi était une vertu devant » laquelle la loi de la nécessité seule devait fléchir quel- » quefois.

» Générosité, humanité, clémence, fidélité, ces vertus » presque inconnues jusqu'alors chez les Arabes, et pros- » crites par le Coran à l'égard des Infidèles, Abd-el-Kader

« les a pratiquées souvent envers ses ennemis, et leur en
« a donné, plus d'une fois, d'éclatants exemples.

« Depuis plusieurs années, grâce à lui, les soldats fran-
« çais, tombés entre les mains des Arabes, ne sont plus
« égorgés; une loi sévère commande le respect et les plus
« grands soins pour les prisonniers. On sait qu'autrefois
« il était accordé une certaine somme pour chaque tête
« de Français, rapportée dans le camp arabe : Abd-el-
« Kader supprima cette odieuse prime.

« C'était en 1840 : Abd-el-Kader, après avoir longtemps
« hésité, dans la crainte de mécontenter les populations
« fanatiques, se décida, vers ce même temps, à convoquer
« un conseil formé de tous les khalifas et des principaux
« chefs des tribus.

« L'Émir prit pour texte de son discours un article de
« l'Alcoran, où Mahomet a blâmé son beau-frère, Seidna-
« Aly, *pour avoir tué cinq cents Infidèles*, après les avoir
« vaincus.

« Faisant alors l'application de ce passage aux soldats
« français, Abd-el-Kader insista vivement auprès de son
« conseil pour qu'ils ne fussent plus massacrés, et pour
« que tout Français, tombé vivant entre les mains des
« Arabes, fût regardé comme prisonnier, afin que l'échange
« pût en être fait dans l'occasion. »

C'était au commencement de ses nouvelles relations
avec l'évêque d'Alger.

« Ce projet ayant enfin obtenu la majorité des suffrages
« dans le conseil, il fut décidé immédiatement qu'un ar-
« rêté serait rédigé en conséquence, et publié, sans retard,
« dans toutes les tribus et sur tous les marchés.

« *Il ordonnait que tout Arabe qui amènerait vivant un*
« *soldat français ou chrétien recevrait pour récompense la*
« *somme de huit douros, et dix douros pour une femme.* »

Il y était dit en outre : « que tout Arabe qui avait un
« *Français en sa possession était tenu de le bien traiter, et*

« de le conduire, le plus promptement possible, soit auprès
» du khalifa le plus voisin, soit devant le Sultan lui-même,
» afin de recevoir la récompense promise.

« Dans le cas où le prisonnier se plaindrait d'avoir été
» maltraité, l'Arabe n'aurait droit à aucune récompense.

« Donc, depuis ce temps, les Français n'ont plus eu à
» redouter de tomber vivants entre les mains des Arabes,
» au moins autant que naguère, et les prisonniers se sont
» vus traités avec humanité.

« Les Arabes étant, en général, fort avides d'argent,
» mettent aujourd'hui tous leurs soins à amener leurs pri-
» sonniers vivants auprès des khalifas, les faisant même
» monter parfois sur leurs propres chevaux pour les sou-
» lager. A son arrivée, le prisonnier subit un interroga-
» toire. On lui demande à quel corps de troupes il appar-
» tient, s'il a été bien ou mal traité depuis qu'il est au
» pouvoir des Arabes. Après que ses déclarations ont été
» reçues et enregistrées, il est conduit à l'un des dépôts
» qui lui a été assigné. Si c'est un homme, il est envoyé
» d'ordinaire à Tegdempt ou à Thaza. — Du moins il en
« était ainsi avant leur destruction. — Si c'est une femme,
» elle est aussitôt expédiée à la smalah du Sultan, pour y
» être placée sous la direction de la mère de ce dernier. »
J'abrège à regret.

Or, vous savez quel soin celle-ci en prenait. La petite
fille qui fut renvoyée avec le troupeau de chèvres, n'avait
pas cessé, me disait-elle, de coucher sur une natte, aux
pieds même de cette femme vénérable.

Le capitaine Morisot, me racontant une foule de détails
relatifs à la façon dont les prisonniers de l'Émir étaient
traités, me disait qu'on en avait tellement soin, là où il se
trouvait lui-même, que le khalifa l'avait nommé *leur commandant*, afin de veiller lui-même à ce qu'ils fussent le
moins mal possible, et qu'un jour où, durant la nuit précédente, ils avaient volé tous les oignons des jardins du

khalifa, ce dernier lui dit expressément : « Tu vois bien
« que, s'ils commettent de nouveau quelque action pa-
« reille, je ne pourrai plus contenir mes gens, et que force
« sera de les punir. »

(e) « Les prisonniers étaient absents de la Smala dans
« ce moment : ils ramassoient du bois. A leur rentrée
« dans le douar, le khalifa Hadj-Mustapha les fit appeler.
« L'Espagnol Raphaël, le jeune esclave de la *Chrétienne*,
« qui remplissait ordinairement auprès d'eux le rôle d'in-
« terprète, les accompagnait. Dès que nos trois soldats se
« trouvèrent en présence du khalifa, celui-ci leur dit :
— « Voilà des burnous ; prenez-en chacun un, et jetez-
« les sur vos épaules. L'Émir vous demande. S'il vous
« questionne, vous lui répondrez que vous êtes bien trai-
« tés, que vous ne manquez de rien.
— « C'est bon, répliqua Escoffier ; mais s'il cherche à
« savoir si ces burnous nous appartiennent....
— « Vous lui direz que je vous les ai donnés depuis
« longtemps.
— « C'est entendu.
— « Malheur à vous si vous faites entendre une plainte !
» A présent suivez-moi dans la tente de l'Émir.
« Le khalifa se dirige, après avoir fait cette recomman-
« dation, vers le douar du sultan. La tente est toute
» grande ouverte. Les laskars forment la haie. Au fond
« de la tente, Abd-el-Kader est accroupi sur un tapis. Il est
« entouré des principaux chefs et des marabouts. Une
« certaine solennité paraît devoir être imprimée à la ré-
« ception des prisonniers. Les Arabes et leur sultan con-
« servent une attitude grave et silencieuse. Précédés par
» Hadj-Mustapha, nos trois prisonniers s'avancent : une
« vague espérance, un secret contentement font tressaillir
« leur cœur. Le secrétaire de Karoubi vient-il apporter à
» la Smala les instructions du maréchal Bugeaud, et ra-

» cheter leur captivité par l'échange des prisonniers ara-
» bes qu'a réclamés l'Émir dans ses précédents messages ?
   — » Qui est trompette? dit l'Émir, en s'adressant aux
» soldats français.
   — » Moi! répond Escoffier.
   — » Lis cette lettre du maréchal; elle est pour toi; et
» en achevant ces mots, l'Émir fait remettre à Escoffier
» une lettre ainsi conçue :

GOUVERNEMENT GÉNÉRAL
  DE L'ALGÉRIE,   Alger, le 23 janvier 1844.
     —
    CABINET

  « Au trompette ESCOFFIER, du 2ᵉ régiment de chasseurs
             » d'Afrique.

   » Escoffier, le roi vous a nommé, par ordonnance du 12
» novembre 1843, chevalier de la Légion-d'Honneur, pour
» récompenser le noble et courageux dévoûment que vous
» avez montré dans l'affaire du 22 septembre où vous avez
» été fait prisonnier. La lettre d'avis et la décoration ont
» été envoyées à votre régiment.
   » Je saisis avec empressement une occasion qui se pré-
» sente pour vous donner avis de la juste récompense qui
» vous a été accordée, et pour vous envoyer une décoration
» que je vous autorise à porter dès à présent.
   » Je vous fais passer, ainsi qu'aux quatre chasseurs faits
» prisonniers en même temps que vous, la somme de trente
» francs pour chacun. Cet argent vous servira à vous pro-
» curer quelques légers adoucissements.

           » Gouverneur-général,
             » Maréchal BUGEAUD. »

« A mesure que le prisonnier avançait dans la lecture
» de cette lettre, une vive émotion empourprait ses joues,
» des larmes mouillaient ses yeux. Quand il eut fini, un
» tremblement convulsif le fit chanceler sur ses jambes.
» Il se retourna du côté de Bréant, et, sans proférer une
» parole, il se précipita dans ses bras les yeux trempés de
» pleurs.

« Bréant ne savait que penser des sensations qui bou-
« leversaient Escoffier. Un cri de bonheur s'échappe de
« ses lèvres, à l'idée qu'ils vont recouvrer leur liberté.
» Mais, il lit la lettre à son tour; il a vu qu'il ne s'agissait
» que de la récompense accordée au dévoûment de son
» camarade, il oublie les espérances qu'il avait conçues,
» et il est tout entier au bonheur et au juste orgueil de son
» ami; il l'embrasse avec effusion devant les Arabes ras-
« semblés et surpris. »

— « Ce n'est pas tout, reprit en cet instant l'Émir,
» voilà encore pour toi.

— » La croix! s'écrie Escoffier, en s'avançant vers
» l'Émir et en prenant la décoration de ses mains, la
» croix! Bréant; ils ne m'ont pas oublié! O que je suis
» heureux! Que je baise cette noble image qui me parle de
» mes chefs, de mon roi, de mon pays. Bréant, salut aux
» trois couleurs. Vive le roi! vive la France! »

« Mais l'Émir, s'adressant à son beau-frère, le khalifa
» Hadj-Mustapha, après avoir passé en revue les prison-
» niers français : Je n'en vois que trois et ils étaient cinq.
» Que sont devenus les deux autres?

— » Les deux autres sont morts.

— » Depuis quand?

— » Depuis longtemps.

— » La maladie les a tués?

— » Nous les avons fusillés.

— » Tu les as fusillés! s'écrie l'Émir, surpris pénible-
« ment et en attachant un regard sévère sur son beau-frère.
» Et pourquoi !

— « Ils voulaient s'échapper.

— « Et c'est pour ce motif que tu les a tués ? C'est mau-
« vais, c'est méchant, c'est injuste. Et si les Français
« tuaient mes Arabes qui sont leurs prisonniers, que di-
« rions-nous ?

— « Des chiens de chrétiens...,

— « Assez. Je ne veux plus de ces massacres. Tu m'en-
« tends. Que ce soit le dernier.

— « Êtes-vous bien traités du moins ?

— « Oui.

— « Que Kadour vous donne votre argent.

« Dans trois jours vous partirez pour mon camp. Vous
« avez de bons burnous ?

— « Oui.

« A ces mots, Kadour s'avance et remet trente francs à
« chacun des prisonniers. »

(J'ai pensé que cet extrait des mémoires du trompette
Escoffier ne serait pas déplacé, en cet endroit et à cette
occasion ; il y pouvait avoir d'ailleurs plus d'un genre
d'utilité).

(*f*) Je lis dans le *Moniteur algérien* du 29 décembre
1847 : « Les hésitations de l'Émir furent longues ; *il lui*
« *était encore possible de tenter la fortune dans le sud.....*
« il était onze heures du soir, et le lieutenant-général était
« rentré dans son camp, lorsque le lieutenant Ben-Krouïa
« revint, porteur cette fois d'une lettre dans laquelle l'É-
« mir sollicitait *une parole française* (c'était son expres-
« sion) pour se livrer sans défiance, et se résigner à sa
« destinée.

« L'engagement qu'il réclamait fut pris immédiatement
« par M. le lieutenant-général de La Moricière, et le ren-
« dez-vous convenu pour le lendemain, 23, au marabout
« de Sidi-Brahim.

« Après un instant de silence, au moment où l'Émir fut

« présenté à S. A. R. Mgr le gouverneur-général, à Ne-
» mours (D'Jemma-Ghazouat), il prononça les paroles
» suivantes :

— « J'aurais voulu faire plus tôt ce que je fais aujour-
» d'hui ; j'ai attendu l'heure marquée par Dieu.

» Le général m'a donné une parole sur laquelle je me
» suis fié : je ne crains pas qu'elle soit violée par le fils
» d'un grand Roi comme celui des Français (1). »

« S. A. R. confirma par quelques paroles simples et
» précises, la parole de son lieutenant, et congédia avec
» dignité ce personnage envers lequel doivent se taire dé-
» sormais les passions des premiers temps de sa longue
» lutte. »

Même à cette époque, cependant, plus d'un de ses con-
temporains lui rendit justice, et, comme dernier gage de
cette consolante assertion, je veux transcrire ici la page
suivante, copiée fidèlement sur un document digne de
foi ; elle date déjà de 1842.

Ce ne sera guère, il est vrai, qu'une répétition d'une
partie du dernier chapitre ; mais ces portraits, ces des-
criptions de tant de pinceaux divers, me paraissent devoir
faire enfin croire sans hésitation à la vérité de l'ensemble :

« Du sein de son palais de briques et de boue, à Mas-
» cara, n'ayant pour le servir que quelques esclaves nè-
» gres, vêtu aussi simplement que ses derniers cavaliers,
» il rêvait la restauration d'un empire arabe. La présence
» des Français à Alger, loin de contrarier ses projets, les
» servait au contraire, en lui permetant de réunir toutes
» les tribus de l'Atlas pour la défense commune, et de leur
» imposer sa domination au nom de l'indépendance afri-
» caine ; aussi, dès qu'il fut investi du pouvoir, il ne per-
» dit aucune occasion d'accroître sa popularité et son im-
» portance militaire.

1) Il avait demandé à être conduit avec sa famille en Égypte ou en Syrie.

« Nous aurons bientôt l'occasion de raconter ses luttes
« contre les Français, à mesure que les événements se
« dérouleront dans leur ordre chronologique ; mais nous
« devons ici donner quelques détails sur la physionomie,
« le caractère, les mœurs, les habitudes, la vie de cet
« Arabe, le premier parmi les siens.

« Abd-el-Kader est d'une taille médiocre ; il a peu
« d'embonpoint ; ses traits sont nobles et délicats ; ses yeux
« sont beaux et pleins d'expression ; sa barbe est rare et
« noire. Son port, ses gestes, son regard incessamment
« tournés vers le ciel, tout indique en lui un apôtre, un
« homme profondément ascétique. Il parle peu, et regarde
« rarement les gens avec lesquels il confère. Ses mains,
« qui sont belles, ne quittent jamais un chapelet ; il ne
« porte aux doigts ni diamants, ni bijoux, et n'a aucun
« signe de luxe extérieur. Il porte la tête un peu penchée
« sur l'épaule gauche ; ses manières sont affectueuses et
« pleines de politesse et de dignité. Il se livre rarement a
« la colère, et reste toujours maître de lui ; toute sa per-
« sonne est séduisante ; il est difficile de le connaître sans
« l'aimer.

« Abd-el-Kader est d'une grande bravoure ; cependant
« son esprit est plus organisateur que militaire. Quoique
« son âme soit fortement trempée, dans les circonstances
« pénibles où il s'est souvent trouvé, il a eu quelques mo-
« ments d'abattement. Ses mœurs sont pures mais rigi-
« des ; il n'a qu'une femme, qu'il aime tendrement. Sa
« famille se compose d'une fille de dix ans, et d'un fils qui
« est né peu de jours avant l'entrée des Français à Mas-
« cara. Lorsqu'il était dans cette ville, il habitait avec sa
« famille une assez belle maison, mais qui n'était point le
« palais. Il y vivait sans gardes et en simple particulier.
« Chaque jour, d'assez bonne heure, il se rendait au siége
« du Beylick, pour y vaquer aux soins de l'administration,
« et y donner ses audiences. Le soir, il rentrait dans sa
« maison, où il redevenait homme privé.

» Abd-el-Kader est toujours vêtu très-simplement ; son
» costume est celui d'un pur Arabe, sans aucune espèce
» d'ornement ni de marque de dignité ; il ne déploie quel-
» que luxe que pour les armes et les chevaux. Il a eu pen-
» dant quelque temps un burnous dont les glands étaient
» d'or ; il les coupa ; voici à quelle occasion : Un de ses
» beaux-frères, qu'il avait nommé kaïd d'une puissante
» tribu, afficha dans cette position un faste qui fit mur-
» murer. Il le manda, et, après lui avoir reproché sa con-
» duite, il ajouta : « Prenez exemple sur moi ; je suis plus
» riche et plus puissant que vous, voyez cependant comme
« je suis vêtu ; je ne veux pas même conserver ces misé-
» rables glands d'or que vous voyez à mon burnous. » Et
» aussitôt il les coupa. Depuis cette époque il n'a plus
» porté sur lui le moindre filet d'or ou d'argent.

» Abd-el-Kader aime beaucoup l'étude, à laquelle il con-
» sacre le peu de moments que lui laisse sa vie agitée ; il
» a une petite bibliothèque qui le suit dans toutes ses cour-
» ses. Voici quel est au camp l'emploi de son temps, lors-
» que la journée n'est pas prise par des opérations mili-
» taires : En arrivant dans sa tente, après la marche du
» jour, il ne garde qu'un domestique près de lui, et con-
» sacre quelques minutes à des soins de propreté. Il fait
» ensuite venir des secrétaires et successivement ses prin-
» cipaux officiers, et travaille avec eux jusqu'à quatre
» heures ; il se présente alors à l'entrée de sa tente, et
» fait lui-même la prière publique ; il prêche ensuite pen-
» dant une demi-heure, en ayant soin de choisir un texte
» religieux qui l'amène naturellement à mettre en circu-
» lation les idées qu'il lui convient de répandre sur la
» guerre et la politique. Du reste, personne n'est obligé
» d'assister à ses sermons.

» Il dicte avec une facilité extraordinaire, et recourt as-
» sez fréquemment à des citations pour appuyer ses ré-
» ponses. Il a auprès de lui un khodja, ou écrivain qui ne

« le quitte jamais. Un conseil, composé de quatre chefs
« arabes, et assisté de ce khodja et d'un trésorier, se réu-
« nit de temps en temps pour délibérer sur les affaires
« importantes. Tous les jours, matin et soir, et à tour de
« rôle, un des membres se rend chez Abd-el-Kader, pour
« travailler avec lui. Dans sa correspondance avec les gou-
« verneurs français, il a constamment fait preuve de tact,
« et, plus d'une fois, on a pu remarquer avec quelle adresse
« il cherchait à échapper à un engagement décisif.

« Abd-el-Kader n'a jamais voulu venir à Oran, quel-
« ques instances que les généraux qui y commandaient
« aient faites pour l'y attirer. Il se serait cru diminué de-
« vant les Arabes, s'il était entré en contact avec des chré-
« tiens. De tous les officiers qui ont eu le commandement
« de la province, le général Bugeaud est le seul qui ait pu
« le voir avant la convention de la Tafna.

« Il mange seul, et fait peu de représentation. Contre
« l'usage des Arabes, il ne prise et ne fume jamais. Sobre
« dans ses repas, austère dans ses mœurs, il n'oublie point
« que la piété a été le piédestal de sa fortune, et fils re-
« connaissant, il n'a garde de renier sa mère » (Histoire
de la régence d'Alger, par M. Clausolles).

FIN DES NOTES.

POST-SCRIPTUM.

—

Cette nouvelle édition était déjà imprimée quand j'ai reçu, le 26 mars, la lettre suivante, que je crois devoir y joindre. C'est la première fois, depuis sept mois d'intime correspondance, que l'infortuné captif m'écrit de cette façon, et laisse s'exhaler, dans un cœur dont il apprécie les sentiments, ce qui oppresse si douloureusement le sien.

D'autre part, je reçois de plusieurs personnes, qui l'ont visité depuis mon retour d'Amboise, des lettres déchirantes sur l'état de tristesse, de langueur des femmes de sa Deïra, que de nobles dames ont pu voir presque aussi intimement que j'ai vu, que je connais moi-même Abd-el-Kader ; il est impossible de parcourir leurs lettres, d'en lire surtout certains détails, sans concevoir pour un avenir peu éloigné les alarmes les plus sérieuses relativement à la santé, à l'existence des infortunées habitantes du château d'Amboise.

L'Émir ignorait encore, le jour où il m'écrivait ainsi, ce que j'avais cru, dans ma conscience d'homme, de chrétien et d'évêque, devoir publier sur son compte.

Vous, lecteur de bonne foi, laissez-moi vous redire, avec une conviction que vous excuserez au moins, si vous ne la partagez point, que je croirais, moi, plus que jamais, à la sincérité de la parole de l'Émir, au serment qu'il remettrait, suivant son expression, entre les mains du peuple français, surtout sous les auspices de la religion.

Laissez-moi vous redire qu'à mon avis il est infiniment regrettable, sous les plus graves rapports, que la capitulation du 23 décembre 1847 n'ait pas reçu son accomplissement immédiat ; et qu'il n'est pas moins désirable par conséquent qu'elle le reçoive enfin sans plus de retard ;

Parce que (je vous prie de peser chacune de ces paroles), *parce que désormais, en le différant indéfiniment, cet accomplissement rigoureusement exigé par l'honneur, par la justice, par l'humanité, par une saine politique, on s'expose manifestement :*

Ou à laisser mourir Abd-el-Kader sous les inexorables verroux d'Amboise, ce qui serait tout à la fois une tache indélébile au front de la France, et une épine profonde au cœur des Arabes de l'Algérie ;

Ou à justifier, plus tard, jusqu'à un certain point, de la part d'Abd-el-Kader, rendu forcément à la liberté, des sentiments tout-à-fait opposés à ceux qu'il nous garde heureusement encore ;

Mais, dans tous les cas, à ôter, à détruire pour longtemps, parmi les indigènes de l'Algérie, la confiance si parfaite et si précieuse à tous égards, qu'ils avaient eu généralement jusqu'ici, dans nos promesses, dans notre parole française.

« *De tout temps, me disait Abd-el-Kader il y a*
» peu de jours encore, *de tout temps, en Afrique,*
» *la parole française a été regardée comme synonyme*
» *de vérité, de loyauté, d'honneur ; c'est pour cela*
» *que j'y ai eu moi-même tant de foi. Savez-vous bien,*
» *cependant, que si trop longtemps désormais on nous*
» *refusait de tenir celle qu'on nous a donnée, il n'en*
» *serait plus ainsi à l'avenir dans notre pays, et que*
» *nul n'oserait plus s'y confier ?* »

Je livre ces paroles, qui m'ont profondément ému, je les livre textuellement aux méditations de ceux entre les mains desquels la Providence conduira ce travail bien chétif de forme, de volume, de talent, mais énorme de bonne foi de la part de son auteur, non moins peut-être que de résultats, qu'il n'aurait pas dépendu de lui de conjurer, si sa voix consciencieuse n'était pas entendue.

» Seule, la majesté du malheur soutient encore
» Abd-el-Kader au château d'Amboise ; mais il con-
» centre sa douleur à tel point, qu'elle en devient
» réellement effrayante ; qui oserait prévoir, qui
» pourrait calculer ce qui adviendrait, si enfin
» son courage venait à défaillir ? » (Dernière lettre
» de M** D.)

Hélas ! ce qui vous reste à lire ne vous fera que

trop redouter avec moi que le moment de cette dé-
faillance ne soit déjà proche.

» Gloire à Dieu seul,
» de la part de ceux qui souffrent dans l'exil!
» Salut à celui que nous chérissons comme un
» père, à notre ami le seigneur Dupuch (l'ancien)
» évêque de l'Algérie.
» Il connaît, lui, notre affliction, la tristesse pro-
» fonde de nos cœurs, nos privations et nos be-
» soins; il les connaît, et il sait y compâtir.
» Que la paix soit sur toi!
» Nous avons reçu les nobles paroles que tu nous
» as écrites. Tu nous annonces que tu t'es décidé à
» publier ton ouvrage sur la religion chrétienne en
» Afrique; cette nouvelle nous a réjouis, car nous
» espérons que Dieu en bénira la publication, et
» qu'ainsi ce livre deviendra d'une grande utilité
» pour ses serviteurs.
» Mais, hélas! tu nous annonces, en même temps,
» que tu ne peux pas venir nous visiter avant la fin
» du grand jeûne des chrétiens. Cette dernière nou-
» velle nous a contristés au-delà de toute parole.
» Ne sommes-nous pas malades, et ne fais-tu point
» comme certains médecins, qui, n'ayant pas entre
» les mains des remèdes efficaces, essaient de tran-
» quilliser leurs malades par des promesses? C'est
» leur dire, en d'autres termes : « Mourez, car je
» n'ai pas de médecine égale à votre mal. »
» Nous nous résignons, cependant, en répétant :

» Que ce que Dieu veut, se fasse, que ce qu'il ne
» veut pas, ne se fasse point!

» Tu veux bien aussi nous parler des sœurs de
» la Charité que tu as placées auprès de nous, et
» qui ont déjà commencé à y remplir leurs miséri-
» cordieuses fonctions. Ah! nous avons grand be-
» soin de secours, en effet, tous tant que nous som-
» mes ici, hommes et femmes; car tous nous souf-
» frons cruellement; en voici surtout la cause :

» Ce pays-ci est pour nous le pays étranger;
» nous ne pouvons pas nous accoutumer à y vivre;
» ce climat est très contraire à nos habitudes, et il
» semble qu'il veut nous arracher, avec elles, jus-
» qu'aux derniers restes de notre existence passée.
» Que deviendrons-nous si Dieu lui-même ne nous
» soutient de son bras puissant? Nous ne cessons de
» l'implorer.

» Nous n'aurions dû trouver dans ce qui nous a
» été dit depuis le commencement de notre capti-
» vité, que de la justice et de la sincérité; mais,
» hélas! l'ambition n'aveugle que trop souvent le
» cœur des hommes; ce qu'elle entraîne avec elle
» les rend parfois injustes; elle les empêche de
» croire à la franchise des autres; elle dénature à
» leurs yeux les paroles et jusqu'au bon sens de
» ceux-ci.

» Certes, nous, désormais, nous n'avons plus
» d'autre ambition que celle qu'un pauvre exilé peut
» avoir encore; c'est-à-dire de voir arriver enfin le
» terme de notre désolation, le moment où nous

» pourrons partir pour aller mourir là où nous
» avons demandé de nous retirer.

» Il nous semble pourtant qu'un voyage aussi
» pénible, il nous semble surtout que les cruelles
» angoisses que nous souffrons depuis si longtemps,
» et qui augmentent chaque jour par le retard que
» nous éprouvons, justifient bien assez de tels dé-
» sirs.

» Nous promettrions solennellement, s'il le fallait,
» au peuple français, si élevé dans l'appréciation des
» malheureux, si généreux ; et il serait assuré de la
» sincérité, de l'inviolabilité de la parole remise en-
» tre ses mains ; nous jurerions de l'aider partout où
» nous pourrions être, bien loin de lui nuire en
» rien ; et il n'y aurait pas un seul musulman qui
» ne s'empressât, à notre imitation, de le servir
» fidèlement, et de marcher à ses côtés dans notre
» cher et noble pays.

» Ici le climat nous fatigue extrèmement, il nous
» use tous peu à peu ; nous ne pouvons plus y vi-
» vre sans mourir bientôt. Les médecins français
» qui nous visitent en sont convaincus, et cette ap-
» préhension leur fait souhaiter notre prompt
» départ.

» Il y en a, dit-on, qui craignent que nous ne
» fassions du mal, une fois devenu libre ; ah ! nous.
» au contraire, nous savons bien avec quelle fidélité
» nous garderions la paix. Nous serions heureux
» d'être utile à tous, sans exception ; vie, proprié-
» tés, nous les respecterions, nous les ferions respec-

» ter par nos conseils ; tous ceux qui nous aiment
» vivraient dans la paix, dans l'union avec vous ;
» nous serions heureux, vous aussi.

» Souvenez-vous du proverbe arabe : « Ne prends
» pas, ne garde pas avec violence, et on te servira,
» on te donnera avec complaisance. »

« Tout est, il est vrai, entre les mains de Dieu ;
» car c'est lui qui a tout fait. Mais il est un autre
» proverbe arabe bon à rappeler : « Celui qui chérit
» son serviteur et qui lui témoigne de la confiance,
» est assuré d'en recevoir des services en proportion ;
» celui qui ne l'aime point, eût-il même confiance
» en lui, ne recueillera peut-être à la fin que mal-
» heur. »

» Pour toi, adieu de la part d'Abd-el-Kader-Ben
» Mahi-Eddin.

» Le quatorzième jour du mois Ettani de l'an-
» née 1265. »

(*Traduit par M. l'abbé J. Roux, à Bordeaux*).